成都信用蓝皮书

智库·原创·权威

成都信用蓝皮书

成都信用蓝皮书

成都市社会信用体系建设发展报告（2022）

Report on the Development of Chengdu Social Credit System Construction (2022)

成都市经济发展研究院　编著

中国发展出版社
CHINA DEVELOPMENT PRESS

图书在版编目（CIP）数据

成都市社会信用体系建设发展报告.2022/成都市经济发展研究院编著.—北京：中国发展出版社，2022.11

ISBN 978-7-5177-1324-1

Ⅰ.①成⋯ Ⅱ.①成⋯ Ⅲ.①信用制度—建设—研究报告—成都—2022 Ⅳ.①F832.4

中国版本图书馆 CIP 数据核字（2022）第 187224 号

书　　　名：	成都市社会信用体系建设发展报告.2022
著作责任者：	成都市经济发展研究院
责 任 编 辑：	钟紫君　梁婧怡
出 版 发 行：	中国发展出版社
联 系 地 址：	北京经济技术开发区荣华中路22号亦城财富中心1号楼8层（100176）
标 准 书 号：	ISBN 978-7-5177-1324-1
经 　销 　者：	各地新华书店
印 　刷 　者：	北京盛通印刷股份有限公司
开　　　本：	710mm×1000mm　1/16
印　　　张：	13.25
字　　　数：	200 千字
版　　　次：	2022 年 11 月第 1 版
印　　　次：	2022 年 11 月第 1 次印刷
定　　　价：	88.00 元

联 系 电 话：（010）68990535　82097226
购 书 热 线：（010）68990682　68990686
网 络 订 购：http：//zgfzcbs.tmall.com
网 购 电 话：（010）68990639　88333349
本 社 网 址：http：//www.develpress.com
电 子 邮 件：10561295@qq.com

版权所有·翻印必究

本社图书若有缺页、倒页，请向发行部调换

成都市社会信用体系建设发展报告（2022）

编委会

主　　任：杨　羽
副 主 任：王永新　尹　宏　冯劲夫　朱　平　唐　芳
　　　　　吴　英　李坚峻　杨　磊　李　椿　陈　健
　　　　　杨　杰　向　进　夏邦林
编　　委：李　霞　张建康　汪　俊　柴微涛　黄浩森
　　　　　郭念东　李金兆　王刘丽

课题组

主　　编：李金兆
副 主 编：徐　霁　冯　翼
研究人员：张海霞　董　亮　殷丽娜　王　贺　罗　燕
　　　　　党正阳　王新莹　唐　静　简　青　王　沙
　　　　　彭海岩　王德曜　谢　莹　张　驰

序 言

成都的气质

《成都市社会信用体系建设发展报告（2022）》出版了。这是成都市首次发布社会信用体系建设专门报告，是成都市社会信用体系建设史上的一件大事，也是信用中国建设的一个亮点，值得祝贺！

一个城市公开出版发布本地的社会信用体系建设发展报告，凸显了社会信用体系建设在城市经济社会发展中的重要地位，也体现了一个城市直面发展勇于立帜的魅力和魄力。这部报告记载了成都市社会信用体系建设的若干进程和大事，呈现了成都市作为首批全国社会信用体系建设示范城市的探索和实践，展示了"信用成都"建设的成就、蓝图和愿景，是值得品读的。

信用，是每一个社会个体安身立命之本，更是经济社会可持续发展的内在永恒动力，也是新时代一个城市最具核心竞争力的品牌内涵。社会信用体系建设与经济社会高质量发展可谓是"水乳交融"，体系化、社会化、制度化推进社会信用体系建设，有利于降低经济运行成本，提高运行社会活力和效率，提升社会文明程度，促进城市的可持续健康发展。

成都市有着深厚的历史文化底蕴、发展创新的时代品格，诚信一直是伴随这个城市蓬勃发展的精神力量，社会信用体系建设也是成都市推动城市治理体系和治理能力现代化的重要内容。这部报告反映了成都市社会信用体系建设的历程，集中展示了成都市社会信用体系建设的发展、创新和经验，让我们有机会去深入地了解和感受"信用成都"。

《成都市社会信用体系建设发展报告（2022）》给我们呈现了成都市通过深入推进信用理念、信用制度、信用手段与经济社会发展各领域全方位深度融合的诸多创新案例，如市场主体信用积分综合评价、"科创通"平台、"交子信用分"等，以及推动成渝地区双城经济圈建设开展信用合作、成都都市圈开展信用合作的实践举措等，都凝聚了成都市社会信用体系建设的智慧和创新，颇有新意。

值得一提的是，这部公开出版的成都市社会信用体系建设发展报告专门辟出专栏，邀请大连市、杭州市、宁波市等城市介绍社会信用体系建设的先进经验，展现了成都市开放创新、兼容并蓄、谦逊务实的态度和精神。

当前，成都市正在全面建设践行新发展理念的公园城市示范区。毫无疑问，推进社会信用体系建设高质量发展也必将是这一建设进程中至为重要的内容与支撑。笔者深信，借由这部报告的公开发布，诚实守信的文化和价值观念将在这个城市得到更好的传播，持续滋养这个城市的诚信文化建设，推动成都市社会信用体系建设步入新境界。

成都市是有着独特气质的，而"信用成都"必将是这个城市气质中极为重要和亮丽的那一部分。

中共中央党校（国家行政学院）政治和法律教研部
民商经济法室主任，教授、博导
2022 年 8 月 26 日

前言

信用，是社会良序的运转基石，是市场经济的坚实基础，是推动高质量发展的重要保障。《中华人民共和国国民经济和社会发展第十四个五年规划和2035年远景目标纲要》提出"健全社会信用体系"，《中共中央 国务院关于加快建设全国统一大市场的意见》提出"健全统一的社会信用制度"，中共中央办公厅、国务院办公厅印发的《关于推进社会信用体系建设高质量发展促进形成新发展格局的意见》对推动社会信用体系建设高质量发展作出了系统安排，社会信用体系建设已成为我国国家治理体系和治理能力现代化的重要内容，是服务于国家经济社会发展宏大战略的重要支撑。当前，国内外经济社会环境正在发生深刻而复杂的变化，针对我国经济社会发展中存在的突出问题与矛盾，必须加快构建和完善适应高质量发展要求的社会信用体系，充分发挥信用对提高资源配置效率、降低制度性交易成本、防范化解风险的重要作用，畅通国内大循环、促进国内国际双循环，为提升国民经济体系整体效能、促进形成新发展格局提供支撑保障。

成都市作为首批全国社会信用体系建设示范城市，按照国家和四川省关于社会信用体系建设的重要部署，积极开展信用创新实践探索，持之以恒推动社会信用体系建设工作。总体来看，成都市社会信用体系建设起步在前、发展有序，有力有效地落地实施了国家、四川省关于社会信用体系建设的各项重点任务，在建立健全以信用为基础的新型监管机制、以信用促融资等方面形成多项典型做法和创新经验，并在全国、全省范围内得到推广，为城市经济社会高质量发展提供了重要助力，为全国社会信用体系建设提供了重要参考。当前，成都市肩负建设践行新发展理念的公园城市示范区的时代使命，积极推进社会信用体系建设高质量发展，主动服务和融入新发展格局，力争率先构筑新优势、激发新活力、打造新优势，更大限度地发挥作为首批全国社会信用体系建设示范城市的引领效应。

　　本书对成都市社会信用体系建设历程进行了系统梳理，对2021年成都市推动社会信用体系建设所开展的主要工作与取得的成效进行了较为全面的分析，并对成都市以及其他先发城市在社会信用体系建设方面探索出的创新举措、形成的先进经验予以呈现。全书主要分为四个部分：第一部分，"总报告"，着眼于对成都市社会信用体系建设发展脉络、现状与成效的总体情况分析，基于国家层面关于社会信用体系建设最新要求以及其他地区发展动态，提出成都市社会信用体系建设过程中值得关注的问题以及下一步发展展望；第二部分，"探索创新篇"，聚焦构建以信用为基础的新型监管机制、发挥信用促进金融服务实体经济重要作用、引导行业加强诚信自律水平建设、信用合作推动区域一体化发展等重点方面，对成都市获国家、四川省级层面推广的市场主体信用积分综合评价、"双随机、一公开"分级分类监管、"交子分"、"科创通"平台、"1＋N"信用评级模式等创新做法，以及成都市推进信用同城化共建信用都市圈的探索举措等予以呈现和分析；第三部分，"应用发展篇"，围绕成都市区（市）县积极探索创新信用应用实现更大程度利企便民的有益探索，选取部分区（市）县在发挥信用对于提高资源配置效率、降低制度性交易成本、防范化解风险、创新社区治理、促进乡村振兴五个重要方面已取得明显成效的实践做法予以呈现和分析；第四部分，"经验借鉴篇"，立足全国视野，纳入部分长期位于全国省会及副省级以上城市信用状况监测评价前列城市的发展经验、特色亮点、下一步工作展望，

前 言

以期为成都市及其他地区提供有益借鉴。

本书是首部系统总结成都市社会信用体系建设发展情况的报告。我们希望通过持续编写《成都市社会信用体系建设发展报告》，跟踪记录成都市社会信用体系建设的发展进程，及时总结成都市在社会信用体系建设方面的实践经验与创新探索，为更好发挥政府在社会信用体系建设方面的组织协调、示范引领、监督管理作用，更加充分调动各类主体在社会信用体系建设过程中的积极性、创造性提供助力，为社会各界关注社会信用体系建设提供交流与沟通的载体，共同推动社会信用体系建设高质量发展。

目 录
Contents

Ⅰ 总报告

成都市社会信用体系建设发展报告…………………………………………… 3

Ⅱ 探索创新篇

成都市开展市场主体信用积分综合评价的探索………………………… 53
成都市构建"双随机、一公开"分级分类监管机制的探索……………… 60
成都市打造"交子分"推动信用惠民的探索……………………………… 71
成都市打造"科创通"平台实现信用利企的探索………………………… 83
成都市创新打造"1＋N"信用评级模式引导行业诚信自律的探索……… 96
成都市区域信用合作促进区域一体化发展的探索……………………… 106

Ⅲ 应用发展篇

"银税互动"促进纳税信用与信贷资源配置深度融合的探索与实践
　　——以四川天府新区为例…………………………………………… 119
"守信通"降低制度性交易成本的探索与实践
　　——以成都高新区为例……………………………………………… 131

市场主体全生命周期信用监管机制
营造"依法监管、规范高效"市场环境的探索与实践
——以青白江区为例………………………………………… 142

"信托制"深化党建引领小区信义治理的探索与实践
——以武侯区为例………………………………………… 151

"农贷通"助力乡村振兴的探索与实践
——以崇州市为例………………………………………… 165

Ⅳ 经验借鉴篇

大连市：创新打造"信易贷"全国亮点项目
积极探索助力中小微企业发展"新路径"………………… 177

杭州市：富阳区东洲街道"信用+社会治理"的探索与实践………… 183

宁波市：推动应用融合　释放信用红利…………………………… 191

后　　记……………………………………………………… 199

Ⅰ 总报告

　　成都市于2015年获批成为首批全国创建社会信用体系建设示范城市，于2017年获批成为首批全国社会信用体系建设示范城市，按照国家、四川省关于社会信用体系建设系列部署，不断加大工作力度，落实各项工作任务，并积极探索创新可复制可推广的经验做法，力争最大限度地发挥引领示范作用。历经多年发展，成都市社会信用体系建设工作取得了较为显著的成效，为城市经济社会高质量发展提供了重要支撑，为全国社会信用体系建设提供了重要参考。鉴于此，本篇围绕我国社会信用体系建设的整体要求，对成都市社会信用体系建设历程以及2021年发展情况进行了系统性梳理与分析，力求全面呈现成都市社会信用体系建设的发展面貌，总结成都市在推进试点示范过程中所作的努力和取得的成效，提出成都市社会信用体系建设进一步发展值得重点关注的方面，以及推进社会信用体系建设高质量发展的趋势与展望，以期为我国社会信用体系的理论研究与实践发展提供启示、贡献智慧。

成都市社会信用体系建设发展报告

成都市经济发展研究院

摘　要：本报告在系统梳理我国社会信用体系建设发展历程、重大要求的基础上，分析了成都市作为首批全国社会信用体系建设示范城市的发展基础、现状、成效以及值得关注的重点问题。根据党中央、国务院关于推动我国社会信用体系建设高质量发展的一系列重大要求，本报告立足全国视野，针对成都情况，提出了持续推动社会信用体系建设的下一步发展展望。

关键词：社会信用体系　成都市　信用

中央全面深化改革领导小组第二十三次会议指出，要建立和完善守信联合激励和失信联合惩戒制度，加快推进社会诚信建设，充分运用信用激励和约束手段，建立跨地区、跨部门、跨领域联合激励与惩戒机制，推动信用信息公开和共享，着力解决当前危害公共利益和公共安全、人民群众反映强烈、对经济社会发展造成重大负面影响的重点领域失信问题，加大对诚实守信主体激励和对严重失信主体惩戒力度，形成褒扬诚信、惩戒失信的制度机制和社会风尚。党的十八大以来，党中央、国务院高度重视社会信用体系建设，将其摆在治国理政的重要位置，国务院出台了首部国家级社会信用体系建设专项规划《社会信用体系建设规划纲要（2014—2020年）》和一系列具有顶层设计意义的制度文件，以提高全社会诚信意识和信用水平、营造公平诚信的营商环境和社会环境。社会信用体系建设，是具有中国特色的理论发展与实践探索，是社会主义市场经济体制和社会治理

体系的重要组成部分,其以信用制度建设为核心,通过对市场主体信用记录的采集、分析、传播、预警等功能,形成一种有效的社会、经济管理机制,解决经济和社会生活中信用信息不对称的矛盾,营造褒奖诚信、惩戒失信的社会环境,从而维护经济活动和社会生活的良好秩序,促进经济和社会的健康发展①。2022 年,中共中央办公厅、国务院办公厅印发《关于推进社会信用体系建设高质量发展促进形成新发展格局的意见》,对信用的重要功能和我国建设社会信用体系的作用进行了高度概括和肯定,明确指出"完善的社会信用体系是供需有效衔接的重要保障,是资源优化配置的坚实基础,是良好营商环境的重要组成部分,对促进国民经济循环高效畅通、构建新发展格局具有重要意义",并对新时代我国社会信用体系建设高质量发展进行了全面系统安排②。推进社会信用体系建设高质量发展已成为我国国家治理体系和治理能力现代化的重要内容。

成都市于 2017 年被确定为首批全国社会信用体系建设示范城市③以来,不断提高对社会信用体系建设重要意义的认识,主动承担重点任务,积极开展先行先试,率先实现了社会信用体系建设在城市经济社会发展中的落地生根,形成了一批具有创新性、引领性、示范性的经验做法,为我国不断完善社会信用体系提供了重要助力。当前,以习近平同志为核心的党中央赋予了成都建设践行新发展理念的公园城市示范区这一重大使命,如何将信用理念、信用制度、信用手段与公园城市示范区建设各方面各环节深度融合,充分发挥社会信用体系对于实现高质量发展、高品质生活、高效能治理的支撑保障和促进推动作用,是成都市进一步推进社会信用体系建

---

① 韩家平:"社会信用体系的内涵与外延",《经济日报》2014 年 7 月 12 日,第 4 版。
② 王伟:《关于推进社会信用体系建设高质量发展促进形成新发展格局的意见》专家解读之———社会信用体系建设服务新发展格局的重要行动指南",国家发展改革委网站,2022 年 5 月 30 日, https://www.ndrc.gov.cn/fggz/cjxy/gzdt03/202205/t20220530_1326030_ext.html。
③ 据国家发展改革委办公厅、中国人民银行办公厅《关于印发首批社会信用体系建设示范城市名单的通知》(发改办财金〔2017〕2158 号),首批 12 个城市为杭州市、南京市、厦门市、成都市、苏州市、宿迁市、惠州市、温州市、威海市、潍坊市、义乌市、荣成市。

设、做好创新示范的题中应有之义。

鉴于此，本报告围绕我国社会信用体系建设的整体背景，以成都市社会信用体系建设历程以及2021年发展情况作为主要研究对象，对成都市社会信用体系建设发展现状进行系统研究，对成都市社会信用体系建设水平进行分析评价，力求全面呈现成都市社会信用体系建设的发展面貌，总结成都市在推进试点示范过程中所作的努力和取得的成效，提出成都市社会信用体系建设当前存在的问题和值得重点关注的方面，以及推进社会信用体系建设高质量发展的趋势与展望，以期为我国社会信用体系的理论研究与实践发展提供启示、贡献智慧。

一 社会信用体系建设发展概况

社会信用体系建设是一项覆盖全社会的长期性、复杂性、系统性工程。当前，我国社会信用体系建设的一些基础领域和关键环节已取得重要进展，但仍然存在法规制度有待进一步建立健全、地区间发展尚不均衡、以信用为基础的新型监管机制有待进一步建立健全、信用在促进金融服务实体经济方面重要作用有待进一步激发、市场化专业化信用服务仍待进一步培育发展等问题。进入新发展阶段，为将社会信用体系建设置于加快构建以国内大循环为主体、国内国际双循环相互促进的新发展格局的重大战略之中发挥更大的支撑保障作用，更加有效地发挥信用对于国民经济运行难点、堵点、痛点问题的"破题"效用，国家层面对社会信用体系建设高质量发展提出了更高要求。面对新形势，作为首批全国社会信用体系建设示范城市的成都市也面临着社会信用体系建设的新要求、新机遇、新挑战。

（一）我国社会信用体系建设进程回顾

我国建立社会主义市场经济体制之初，以往依赖于计划管理的经济活

动转变为以信用关系为内核的市场交易行为,信用的重要性由此越发显现。市场经济首先是信用经济,加快完善社会主义市场经济体制需要以良好的社会信用环境为基础,而营造良好的社会信用环境必须以完善的社会信用制度为支撑①。为此,我国立足自身国情提出具有中国特色的社会信用体系概念以来,持续致力于推动社会信用体系的建立健全。从信用问题提出到全面推动社会信用体系建设再到社会信用体系建设高质量发展,我国社会信用体系的建设历程可进一步划分为以下5个主要阶段(见表1)。

表1 我国社会信用体系建设的主要阶段、重要政策、工作着眼点与阶段性成效

阶段划分	重要政策	工作着眼点	阶段性成效
问题提出阶段 (1991年前后)	《国务院关于在全国范围内开展清理"三角债"工作的通知》(国发〔1990〕19号)	由国家层面运用宏观调控手段整顿市场交易秩序	信用观念得到了强调与确立
起步探索阶段 (20世纪90年代)	《中共中央关于建立社会主义市场经济体制若干问题的决定》	释放信用价值的同时控制信用风险,推动市场化、专业化信用评级等信用服务开展初步探索	一批社会化信用中介机构出现,信用评价和信用担保市场逐渐培育起来,但尚未出现全国性的信用制度安排
体系确立阶段 (1999—2012年)	《中共中央关于完善社会主义市场经济体制若干问题的决定》	基于广泛、深入的调查研究提出适应中国国情、具有中国特色的社会信用体系发展概念与建设规划,推动社会信用体系的建立	社会信用体系在我国正式确立并启动建设

---

① 任森春:"论信用制度与政府作用",《财贸经济》2003年第3期,第22~25页。

续表

阶段划分	重要政策	工作着眼点	阶段性成效
全面推动阶段（十八大以来至2020年）	《社会信用体系建设规划纲要（2014—2020年）》	围绕政务诚信、商务诚信、社会诚信和司法公信等四大重点领域，明确具体任务，提出加强诚信教育与诚信文化建设、加快推进信用信息系统建设和应用、完善以奖惩制度为重点的社会信用体系运行机制三大基础性措施，公布首批、第二批[①]共28个社会信用体系建设示范城市（城区）	社会信用体系建设取得显著成效。跨部门跨地区信用信息共享体系基本建成，信用信息基础设施建设不断夯实，各行业各地区积极推进信用创新实践，在加强社会治理、创新监管机制、服务实体经济发展等多个层面探索形成了一系列切实有效的创新方法和实施路径[②]
高质量发展阶段（2021年至今）	中共中央办公厅、国务院办公厅《关于推进社会信用体系建设高质量发展促进形成新发展格局的意见》	以社会信用体系建设高质量发展作为促进形成新发展格局的重要支撑，公布第三批[③]共34个社会信用体系建设示范城市（城区）	—

[①] 据国家发展改革委办公厅、中国人民银行办公厅《关于印发第二批社会信用体系建设示范城市（区）名单的通知》（发改办财金〔2019〕849号），第二批16个城市（城区）为青岛市、武汉市、鞍山市、上海市浦东新区、上海市嘉定区、无锡市、合肥市、淮北市、芜湖市、安庆市、福州市、莆田市、郑州市、宜昌市、咸宁市、泸州市。

[②] 郭歌："立足高质量发展推动社会信用体系建设迈入新阶段"，国家发展改革委网站，2022年5月24日，https://www.ndrc.gov.cn/wsdwhfz/202205/t20220524_1325295.html?code=&state=123。

[③] 据国家发展改革委办公厅、中国人民银行办公厅《关于公布第三批社会信用体系建设示范区名单的通知》（发改办财金〔2021〕810号），第三批34个城市（城区）为天津市滨海新区、邢台市、大连市、营口市、四平市、上海市徐汇区、普陀区、常州市、淮安市、扬州市、昆山市、宁波市、湖州市、金华市、衢州市、舟山市、台州市、丽水市、济南市、烟台市、济宁市、德州市、新泰市、漯河市、南阳市、荆门市、广州市、深圳市、佛山市、重庆市巴南区、江津区、铜梁区、保山市、延安市。

1. 问题提出阶段

1991年，为清理企业"三角债"问题，国务院发布《关于在全国范围内开展清理"三角债"工作的通知》，这是社会信用问题在我国首次正式提出的标志性文件①。据测算，当时全国高达90%的企业涉及"三角债"问题②，"三角债"不仅是企业间连环债务和经营行为问题，更是反映了全社会经济发展的信用失序问题，严重制约了市场对资源配置作用的有效发挥。因此，清理"三角债"问题时，国务院明确提出"思想清"的工作要求，强调各级政府和企业必须高度重视清欠工作，高度重视商品交易秩序整顿工作，严格结算纪律，落实钱货两清原则③。这实质上是对信用观念的强调与确立，为我国社会信用体系建设的萌芽与发展翻开了篇章。

2. 起步探索阶段

20世纪90年代，一方面国家清理"三角债"问题引发了社会对市场上存在的信用问题的关注；另一方面由于我国债券市场的发展和企业融资的需要，市场上对于信用评价和信用担保的需求也应运而生。1992年，《国务院关于进一步加强证券市场宏观管理的通知》（国发〔1992〕68号）规定，证券的发行需要经过信用评级。1993年，党的十四届三中全会审议通过的《中共中央关于建立社会主义市场经济体制若干问题的决定》提出，把"建立发债机构和债券信用评级制度，促进债券市场健康发展"作为培育市场体系的重点之一。《国务院关于坚决制止乱集资和加强债券发行管理的通知》（国发〔1993〕24号）规定，加强债券的信用评级工作，企业发行债券必须由经有关部门确认的有资格的信用评级机构进行评级。在政策的推动下，上海新世纪投资服务有限公司④、中国诚信证券评估有限公司⑤、深

---

① 陈洪隽："我国社会信用建设的回顾、问题、展望——国家经贸委青年理论研究会'社会信用体系建设'课题研究报告要点"，《经济研究参考》2002年第44期，第11~17页。

②③ 宋怡青、李欣："周正庆回忆清理三角债始末"，《发展》2015年第3期，第60~62页。

④ 成立于1992年，现为上海新世纪资信评估投资服务有限公司。

⑤ 成立于1992年，现为中诚信国际信用评级有限责任公司。

圳市咨询评估公司①、大公国际信用评级公司②等社会评级机构先后成立。与此同时，中国经济技术投资担保公司作为我国第一家专业信用担保公司于1993年成立。一批专业化信用中介机构的成立，标志着信用体系中的一些内容在我国的一些领域开始起步探索③。1996年，《贷款证管理办法》和《贷款通则》规定资信评估机构对企业作出的资信等级评定结论，可以作为金融机构向企业提供贷款的参考依据。1997年12月，中国人民银行发布《关于中国诚信证券评估有限公司等机构从事企业债券信用评级业务资格的通知》（银发〔1997〕547号），对中国诚信证券评估有限公司等评级机构企业债券的信用评级资格予以确定。亚洲金融危机爆发之后，为保障经济稳定增长，中国人民银行各分行要求，商业银行对企业贷款1亿元以上的，需要由银行审贷部门和第三方独立评估机构同时对企业进行信用评估④。1999年，国家经济贸易委员会发布《关于建立中小企业信用担保体系试点的指导意见》（国经贸中小企〔1999〕540号）构建了中小企业信用担保体系，并对各类中小企业信用担保机构的业务范围和业务模式进行了明确。随着一系列政策文件的发布，信用评估和信用担保市场逐渐培育起来，信用中介业务的市场化程度逐渐提高，信用中介机构的发展也为我国的信用体系建设作出了有益探索。但是，这一阶段尚未出现全国性的信用制度安排⑤。

3. 体系确立阶段

20世纪末，我国对外开放的脚步不断加快，信用之于我国整体形象和我国企业在国内国际市场开展经济交往活动的重要性日益凸显。1999年，企业经理人黄闻云基于自身的就业创业经历与国外考察见闻，向国家建议

---

① 成立于1993年，现为鹏元资信评估有限公司。
② 成立于1994年，现为大公国际资信评估有限公司。
③ 陈洪隽："我国社会信用建设的回顾、问题、展望——国家经贸委青年理论研究会'社会信用体系建设'课题研究报告要点"，《经济研究参考》2002年第44期，第11~17页。
④ 张浩："中国信用评级市场的发展回顾与展望"，《金融发展研究》2018年第10期，第29~35页。
⑤ 章政："信用体系建设经历两阶段 2000年后多部委主动推进"，中新网2013年11月6日，http://www.chinanews.com.cn/fortune/2013/11-06/5470891.shtml。

建立社会信用体系，引起国务院高度重视①。同年，在学界，中国社会科学院世界经济与政治研究所设立了"建立国家信用管理体系课题"，开展了系列研究，立足我国实际提出了有别于西方发达国家狭义的征信体系的广义社会信用体系，即将征信系统与其运行的市场软环境统筹起来发展的思路②。这是我国最早研究建立社会信用体系的课题，为我国建立健全社会信用体系理论提供了重要的研究支撑。城市试点工作也随即启动，上海市被选为开展城市级个人征信体系试点的城市。伴随着市场主体对于加强信用管理的呼吁，学界对于我国社会信用体系的研究，以及接轨 WTO 规则推动贸易自由化对于完善信用制度的需要，国家层面高度重视关于社会信用体系的调查研究工作，社会信用体系在我国已呼之欲出。2001 年，《中华人民共和国国民经济和社会发展第十个五年计划纲要》提出加快信用制度建设。2002 年，党的十六大报告进一步指出，要"整顿和规范市场经济秩序，健全现代市场经济的社会信用体系"。2003 年，党的十六届三中全会通过的《中共中央关于完善社会主义市场经济体制若干问题的决定》提出要"形成以道德为支撑、产权为基础、法律为保障的社会信用制度，是建设现代市场体系的必要条件，也是规范市场经济秩序的治本之策"。同年，国务院正式宣布启动我国社会信用体系建设工作。2006 年，《中华人民共和国国民经济和社会发展第十一个五年规划纲要》提出，要"以完善信贷、纳税、合同履约、产品质量的信用记录为重点，加快建设社会信用体系，健全失信惩戒制度"。党中央、国务院一系列关于社会信用体系建设的重大决策和重要部署，标志着我国社会信用体系被正式提出，相关地区和部门随即开展了一大批社会信用体系建设工作，为我国全面推动社会信用体系建设奠定了基础。

4. 全面推动阶段

党的十八大提出，要"加强政务诚信、商务诚信、社会诚信和司法公

---

① 易运文、杜艳："我为'诚信'五上书"，《光明日报》2012 年 8 月 27 日，第 4 版。
② 林钧跃："社会信用体系理论的传承脉络与创新"，《征信》2012 年第 30 卷第 1 期，第 1~12 页。

信建设";党的十八届三中全会提出,要"建立健全社会征信体系,褒扬诚信,惩戒失信",这是我国全面提升全社会诚信意识和信用水平的遵循。为推动社会信用体系建设工作的开展,国务院成立了社会信用体系建设部际联席会议,2012 年明确由国家发展改革委、中国人民银行两家共同牵头,负责做好顶层设计等主要工作①。2014 年,我国首部社会信用体系建设的国家级纲领性规划《社会信用体系建设规划纲要(2014—2020 年)》发布,提出"到2020 年,社会信用基础性法律法规和标准体系基本建立,以信用信息资源共享为基础的覆盖全社会的征信系统基本建成,信用监管体制基本健全,信用服务市场体系比较完善,守信激励和失信惩戒机制全面发挥作用"的主要目标,为我国至2020 年的整体性社会信用体系建设工作作出了系统部署,为推动社会信用体系建设绘制了"总路线图"。在此之后,我国社会信用体系建设工作全面铺开,一些全局性、关键性的"堵点"得以有效疏通,基础性制度得以建立健全,重点领域信用应用得以创新突破,取得明显成效。例如,从国家层面来看,2015 年国家发展改革委、中央编办、民政部等8 部门出台《法人和其他组织统一社会信用代码制度建设总体方案》(国发〔2015〕33 号),推动了统一社会信用代码制度的建立健全,为加快实现信用信息共享应用铺垫了基础;2016 年《国务院关于建立完善守信联合激励和失信联合惩戒制度加快推进社会诚信建设的指导意见》(国发〔2016〕33 号)以及2019 年《国务院办公厅关于加快推进社会信用体系建设 构建以信用为基础的新型监管机制的指导意见》(国办发〔2019〕35 号)的先后发布,推动了信用监管的快速发展,为维护市场正常秩序、促进"放管服"改革和政府职能转变、优化营商环境提供了坚实支撑;2021 年,国家发展改革委、中国人民银行印发《全国公共信用信息基础目录(2021 年版)》和《全国失信惩戒措施基础清单(2021 年版)》,更是自上而下对公共信用信息的界定、采集、使用等关键环节作出了规范、提供

---

① "社会信用体系建设工作由发展改革委、中国人民银行牵头进行",中国政府网2014 年7 月23 日,http://www.gov.cn/2014-07/23/content_ 2722970.htm。

了依据,推动我国社会信用体系建设在法治轨道上有序发展。又如,从地方层面来看,2015年起,国家发展改革委、中国人民银行组织包括副省级城市、地级市、县级市和直辖市城区在内的43个城市(城区)创建社会信用体系建设示范城市(城区),鼓励地方开展试点示范、先行探索,并通过自愿申报、第三方中期评估、专家评审等环节,于2017年将首批达到验收条件的12个城市确定为全国社会信用体系建设示范城市。此后,第二批共16个、第三批共34个社会信用体系建设示范城市(城区)先后公布,示范城市(城区)数量的增长既是地方社会信用体系建设有效推进的重要体现,也为我国社会信用体系建设进一步发展贡献了众多有益经验和一批值得复制推广的先进做法。

5. 高质量发展阶段

进入"十四五"时期,我国社会信用建设迎来高质量发展的新阶段①。2022年,中共中央办公厅、国务院办公厅印发《关于推进社会信用体系建设高质量发展促进形成新发展格局的意见》,这是我国社会信用体系建设的又一里程碑事件,是我国社会信用体系进入高质量发展新阶段的重要标志,也明确了我国将立足发展阶段、贯彻新发展理念,持续推进社会信用体系建设工作,使之与经济社会方方面面深度融合,成为推动国民经济体系整体效能提升、促进形成新发展格局的重要支撑保障。

(二)我国社会信用体系建设重大要求

自我国社会信用体系进入全面推动阶段以来,国家层面已相继出台10余部顶层设计文件,指导各地区各部门有序开展相关建设工作(见表2)。其中,中共中央办公厅、国务院办公厅发布的《关于推进社会信用体系建设高质量发展促进形成新发展格局的意见》(以下简称《意见》)作为我国社会信用体系建设进入高质量发展阶段的总体性指导文件,是《社会信用体系建设规划纲要(2014—2020年)》(简称《纲要》)成功收官后发布的具有承前启后作用的顶层设计,是当前及今后一段时间各地区各部门进一

---

① 王伟、欧阳捷:"'十四五'时期我国社会信用建设高质量发展展望",《社会治理》2022年第1期,第38~45页。

步深入开展相关工作的行动指南。

表2　　　　　　　　　我国社会信用体系建设顶层设计文件

序号	时间	政策名称	政策要点
1	2013年5月	《国家发展改革委 人民银行 中央编办关于在行政管理事项中使用信用记录和信用报告的若干意见的通知》（发改财金〔2013〕920号）	建立完善社会信用主体信用记录；切实发挥在行政管理事项中使用信用记录和信用报告的作用；探索完善在行政管理事项中使用信用记录和信用报告的制度规范；充分发挥征信市场在提供信用记录方面的重要作用
2	2014年6月	《社会信用体系建设规划纲要（2014—2020年）》（国发〔2014〕21号）	推进政务诚信建设、商务诚信建设、社会诚信建设、司法公信建设四大重点领域建设；加强诚信教育与诚信文化建设；加快推进信用信息系统建设和应用；完善以奖惩制度为重点的社会信用体系运行机制；实施政务信息公开、农村信用体系建设、小微企业信用体系建设三大工程；推动地方信用建设综合示范、区域信用建设合作示范、重点领域和行业信用信息应用示范三类创新示范
3	2015年6月	《法人和其他组织统一社会信用代码制度建设总体方案》（国发〔2015〕33号）	建立覆盖全面、稳定且唯一的以组织机构代码为基础的法人和其他组织统一社会信用代码制度
4	2015年7月	《国务院办公厅关于运用大数据加强对市场主体服务和监管的若干意见》（国办发〔2015〕51号）	以国家统一的信用信息共享交换平台为基础，运用大数据推动社会信用体系建设，建立跨地区、多部门的信用联动奖惩机制，构建公平诚信的市场环境
5	2016年6月	《国务院关于建立完善守信联合激励和失信联合惩戒制度加快推进社会诚信建设的指导意见》（国发〔2016〕33号）	加强信用信息公开和共享，依法依规运用信用激励和约束手段，构建政府、社会共同参与的跨地区、跨部门、跨领域的守信联合激励和失信联合惩戒机制，促进市场主体依法诚信经营，维护市场正常秩序，营造诚信社会环境

续表

序号	时间	政策名称	政策要点
6	2016年9月	《关于加快推进失信被执行人信用监督、警示和惩戒机制建设的意见》（中办发〔2016〕64号）	加快推进失信被执行人信用监督、警示和惩戒机制建设
7	2016年12月	《国务院关于加强政务诚信建设的指导意见》（国发〔2016〕76号）	将坚持依法行政、阳光行政和加强监督作为推进政务诚信建设的重要手段，将建立政务领域失信记录和实施失信惩戒措施作为推进政务诚信建设的主要方面，将危害群众利益、损害市场公平交易等政务失信行为作为治理重点，循序渐进，不断提升公务员诚信履职意识和各级人民政府诚信行政水平
8	2016年12月	《国务院办公厅关于加强个人诚信体系建设的指导意见》（国办发〔2016〕98号）	以培育和践行社会主义核心价值观为根本，大力弘扬诚信文化，加快个人诚信记录建设，完善个人信息安全、隐私保护与信用修复机制，健全守信激励与失信惩戒机制，使守信者受益、失信者受限，让诚信成为全社会共同的价值追求和行为准则，积极营造"守信光荣、失信可耻"的良好社会氛围
9	2016年12月	《关于全面加强电子商务领域诚信建设的指导意见》（发改财金〔2016〕2794号）	大力推动电子商务领域信用记录共建共享，完善市场化信用评价体系，整顿规范电子商务市场秩序，营造诚实守信的电子商务发展环境，促进"互联网+"和"大众创业、万众创新"健康发展
10	2019年7月	《国务院办公厅关于加快推进社会信用体系建设 构建以信用为基础的新型监管机制的指导意见》（国办发〔2019〕35号）	以加强信用监管为着力点，创新监管理念、监管制度和监管方式，建立健全贯穿市场主体全生命周期，衔接事前、事中、事后全监管环节的新型监管机制，不断提升监管能力和水平，进一步规范市场秩序，优化营商环境，推动高质量发展

续表

序号	时间	政策名称	政策要点
11	2020年12月	《国务院办公厅关于进一步完善失信约束制度构建诚信建设长效机制的指导意见》（国办发〔2020〕49号）	进一步规范和健全失信行为认定、记录、归集、共享、公开、惩戒和信用修复等机制，推动社会信用体系迈入高质量发展的新阶段
12	2021年12月	《国务院办公厅关于印发加强信用信息共享应用促进中小微企业融资实施方案的通知》（国办发〔2021〕52号）	充分发挥各类信用信息平台作用，在切实保障信息安全和市场主体权益的前提下，加强信用信息共享整合，深化大数据应用，支持创新优化融资模式，加强对中小微企业的金融服务，不断提高中小微企业贷款覆盖率、可得性和便利度，助力中小微企业纾困发展，为扎实做好"六稳"工作、全面落实"六保"任务、加快构建新发展格局、推动高质量发展提供有力支撑
13	2022年	中共中央办公厅、国务院办公厅印发《关于推进社会信用体系建设高质量发展促进形成新发展格局的意见》	扎实推进信用理念、信用制度、信用手段与国民经济体系各方面各环节深度融合，进一步发挥信用对提高资源配置效率、降低制度性交易成本、防范化解风险的重要作用，为提升国民经济体系整体效能、促进形成新发展格局提供支撑保障

1. 服务国家战略全局

服务国家发展全局性战略，是社会信用体系作为一项基础性工作始终不变的核心要求与发展目标。此前，《纲要》曾明确指出，"社会信用体系是社会主义市场经济体制和社会治理体制的重要组成部分"，对"提升国家整体竞争力，促进社会发展与文明进步具有重要意义"。进入新发展阶段，党中央根据我国当前面临的内外部环境、条件变化提出构建新发展格局这一发展战略，是重塑我国国际合作和竞争新优势的重大决策部署。《意见》立足新发展阶段，将社会信用体系建设置于构建新发展格局的整体框架下，为社会信用体系建设赋予"为提升国民经济体系整体效能、促进形成新发展格局提供支撑保障"的重要使命，是社会信用体系建设服务于国家战略

全局的深刻体现,为各地区各部门推进社会信用体系高质量发展、以社会信用体系建设服务国家发展全局统一了认识、明确了方向。

2. 推动体系健全完善

我国所开展的信用工作是全社会整体推进的社会信用体系建设,社会信用体系建设的顶层设计要求政府、市场主体、社会公众等多元主体共同参与,政府、司法、市场、社会各领域信用建设同步推进,从基础设施到创新应用全过程全面建设,这是从《纲要》到《意见》一直坚持的系统观念。值得注意的是,在健全社会信用体系的程度方面,《意见》显然已更进一步,较《纲要》提出了更高要求。此前,《纲要》曾明确指出,社会信用体系建设具有长期性、系统性和复杂性,应着眼长远强化统筹规划,又需立足当前分步实施。因此,《纲要》对于社会信用体系的设计与实施侧重于 5 个方面的工作,包括建立基础性法律法规和标准体系,建立覆盖全社会的征信系统,建立基本健全的信用监管体制,建立较为完善的信用服务市场体系,以及建立守信激励和失信惩戒机制,可以被视作"打地基"的重要时期。此次《意见》的发布,既再次强调了"整体布局"的工作要求,又进一步从 5 个方面提出了纵深推进社会信用体系建设完善性、全覆盖的工作要求,包括有序推进各地区各行业各领域信用建设、推动社会信用体系建设全面纳入法治轨道、规范完善各领域各环节信用措施、切实保护各类主体合法权益、充分调动各类主体积极性创造性,推动体系建设的全面性要求显著提升。

3. 突出重点聚力突破

对于社会信用体系这样一项系统性工作,基于所处的不同发展阶段、面临的不同发展形势、具备的不同发展条件,科学选取建设重点领域和重点工作并合理分配资源予以推进,是我国社会信用体系建设从《纲要》到《意见》沿用的工作思路。但是,将《纲要》和《意见》对比来看,当前我国社会信用体系建设的重点在以往的基础上既有继承,也有迭代深化(见表3)。一是目标导向更加突出。《纲要》的四大重大领域,即政务诚信、商务诚信、社会诚信和司法公信,已整体融入《意见》之中,不再单独划分为独立领域。《意见》围绕畅通国内大循环、支撑国内国际双循环相互促进、促进金融服务实体经济、提升全社会诚信水平四大目标任务,以健全信用机制、营造信用环境、夯实信用基础、创新信用监管、开展信用服务作为五大工作抓手,并提出进入新时期社会信用体系建设的重点任务。对于试点示范,《意见》也明确要求重点在"构建以信用为基础的新型监管机制""信用促进金融服务实体经济""完善信用法治"等方面开展实践探索,明确了先行先试的着力点。二是问题导向更加突出。《意见》此次明确提出的信用问题和信用风险包括知识产权领域的商标抢注、非正常专利申请,流通分配等环节的骗取最低生活保障金、社会保险待遇、保障性住房和慈善组织诈捐、骗捐等行为,消费领域的预付费消费,生态环境建设中污染排放单位弄虚作假行为,以及资本市场欺诈发行、内幕交易行为等,要求信用工作对准社会反映强烈、制约构建新发展格局的"堵点""痛点""难点"进行"破题"。三是平衡发展和安全的要求更加突出。《纲要》实施时期,我国社会信用体系建设如火如荼开展,创新探索在各地区各部门遍地开花,形成一系列典型做法和成功经验,但也出现了制度规范尚不健全、信用泛化、信用信息安全问题等情况。针对此类现象,《意见》在进一步强调强化制度保障的基础上,提出"坚持稳慎适度"组织实施保障措施,要求编制全国统一的公共信用信息基础目录和失信惩戒基础清单,准确界定信用信息记录、归集、共享、公开范围和失信惩戒措施适用范围,确保失信惩戒轻重适度、过惩相当;同时,提出"加强安全保护"组织实施保障措施,要求严格落实信息安全保护责任,加强信用信息安全管理,依法保护个人信息、商业秘密、国家安全,明确要求社会信用体系建设高质量发展必须兼顾发展和安全。

4. 形成社会共建合力

社会信用体系建设的目标在于全面提升全社会诚信文明水平,促进信用在经济生活中撬动更大价值,在社会生活中创造更佳环境,不断提升社

会文明程度，不断满足人民群众对美好生活的需要。因此，《纲要》和《意见》均提出应形成社会信用体系建设合力，充分激发企业、行业协会商会、新闻媒体、社会公众的积极性，参与到共建信用环境的行动中。优化信用环境，使企业能够获得更多的信用产品服务，在国内外市场得到更好的信誉与认可；使行业能够规范发展秩序，获得更佳的声誉与更好的前景；推动每个人能够更加注重诚信、友善互助，共建文明社会（见表3）。此外，《意见》强调应着力面向四类群体开展诚信教育，包括青少年、企业家、专业服务机构与中介服务机构的从业人员以及婚姻登记当事人；并加强两类学生群体的就业履约管理，包括定向医学生和师范生。通过全社会共同努力，提升全社会诚信水平，使信用发挥更大价值服务于全社会，是各地区各部门推进社会信用体系建设高质量发展需要为之努力的方向与目标。

表3　当前我国推进社会信用体系建设高质量发展重大要求

《意见》重大要求		《意见》在《纲要》基础上的延续性	《意见》与《纲要》相比值得关注的变化
服务国家战略全局	立足经济社会发展全局，推进社会信用体系建设高质量发展，为提升国民经济体系整体效能、促进形成新发展格局提供支撑保障	服务全局是不变的核心	立足新发展阶段，将社会信用体系建设置于构建新发展格局的整体框架之中，明确其作为促进形成新发展格局提供支撑保障的重要作用
推动体系健全完善	整体布局。有序推进各地区各行业各领域信用建设；推动社会信用体系建设全面纳入法治轨道；规范完善各领域各环节信用措施；切实保护各类主体合法权益；充分调动各类主体积极性创造性	整体布局是持续的策略	进入高质量发展阶段，推进社会信用体系建设全面覆盖各地区各行业各环节，体系建设的完备度、纵深度要求显著提升

续表

《意见》重大要求		《意见》在《纲要》基础上的延续性	《意见》与《纲要》相比值得关注的变化
突出重点聚力突破	以健全信用机制、营造信用环境、夯实信用基础、创新信用监管、开展信用服务作为重点任务	突出重点是沿用的思路	目标导向更加突出，社会信用体系建设需要畅通国内大循环、支撑国内国际双循环相互促进、促进金融服务实体经济、提升全社会诚信水平；问题导向更加明确，社会信用体系建设需要"破题"社会反映强烈、制约构建新发展格局的突出问题；发展和安全的平衡更加突出，社会信用体系建设需要保障规范、适度与安全
形成社会共建合力	形成推进社会信用体系建设高质量发展合力。更好发挥政府组织协调、示范引领、监督管理作用，与企业、行业协会商会、新闻媒体、社会公众共建良好信用环境	形成合力是持续的目标	强调着力开展青少年、企业家以及专业服务机构与中介服务机构从业人员、婚姻登记当事人等群体诚信教育，加强定向医学生、师范生等就业履约管理

二 社会信用体系建设的成都实践

成都市是我国率先开展社会信用体系建设的城市之一。从成为首批全国创建社会信用体系建设示范城市，到成功获批首批全国社会信用体系建设示范城市，成都市委、市政府高度重视社会信用体系建设工作，历经多年发展，成都市社会信用体系建设工作已取得较为显著的成效，为城市经济社会高质量发展提供了重要支撑，为全国社会信用体系建设提供了重要参考。

（一）成都市社会信用体系建设发展脉络

1. 以信用信息系统建设为突破口，积极探索社会信用体系建设

2002年年初，成都市工商行政管理局（现为成都市市场监督管理局）在"规范化服务型政府"试点中首次提出建立成都市企业信用信息系统的工作目标，这是立足"十一五"期间我国"以完善信贷、纳税、合同履约、产品质量的信用记录为重点，加快建设社会信用体系"发展目标基础上提出的成都社会信用体系探索思路与路径；8月，成都市政府成立"成都市企业信用信息体系建设领导小组"；11月，成都市企业信用信息系统建设工作会议召开，明确了以工商部门的企业基本身份信息为基础进行建设的路径和目标。2003年，《成都市人民政府关于印发〈成都市企业信用信息管理办法〉的通知》发布①，为进一步归集应用企业信用信息提供了制度规范和保障。2004年3月，成都市委常委会通过决议，将建成"成都市企业信用信息系统"列为2004年市委、市政府为民办实事目标之一；4月8日，成立成都市企业信用信息管理中心（现为成都市公共信用信息中心），负责企业信用信息系统和成都市企业信用网站的建设、管理和维护工作；4月30日，成都市企业信用信息系统开通仪式举行，系统正式向社会公众提供服

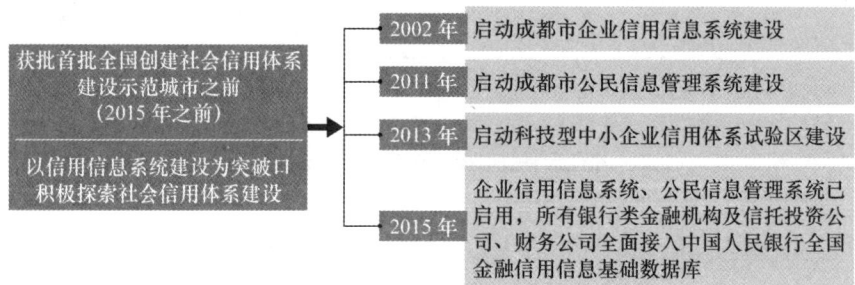

图1　成都市获批首批全国创建社会信用体系建设示范城市前社会信用体系建设发展概况

---

① 据《成都市人民政府关于宣布失效一批市政府文件的决定》（成府发〔2018〕3号），《成都市人民政府关于印发〈成都市企业信用信息管理办法〉的通知》（成府发〔2003〕38号）现已失效。

务①。2013年12月,《成都市企业信用信息管理办法》经成都市人民政府第27次常务会议讨论通过,并以成都市人民政府令第181号予以公布,自2014年3月1日起施行且现行有效,为完善企业信用管理制度,营造企业信用环境强化了制度保障。

2011年10月,根据《成都市人民政府办公厅关于印发〈成都市公民信息管理系统总体建设方案〉的通知》(成办发〔2011〕90号),成都市在已建成企业信用信息系统基础上,启动公民信息管理系统建设,并将以公民信息数据库为基础,整合公民个人参与社会活动、经营活动、金融活动等信用信息,建立个人信用信息系统②;11月,按照《成都市人民政府办公厅关于成立成都市公民信息管理系统建设工作领导小组的通知》(成办函〔2011〕176号),成都市政府成立"成都市公民信息管理系统建设工作领导小组"。截至2015年,成都市公民信息管理系统已归集公民个人信息近10亿条(含历史数据),并与成都市企业信用信息系统建立了信息共享机制,为企业信用信息库提供涉及公安、人社、司法、金融等相关信息资源共享服务,为企业信用评级等提供支持③。

此外,截至2015年,成都市所有银行类金融机构及信托投资公司、财务公司已全面接入中国人民银行的全国金融信用信息基础数据库;成都市部分行业部门也推动了信用信息整合应用工作,建成成都市政府投资项目监督网、成都市房地产行业信用信息平台、成都市建设领域市场主体及从业人员信用管理系统、成都市食品行业信用档案管理系统等行业信用信息平台等;此外,成都市还在2011年于崇州市开展农村信用体系试验区建设,在2013年启动成都市科技型中小企业信用体系试验区建设,均取得一定

---

① "建设'诚信成都'我们在行动",新浪网,2005年04月28日,https://news.sina.com.cn/o/2005-04-28/05305769785s.shtml。
② "成都启动公民信息管理系统建设",成都文明网,2011年10月28日,http://cd.wenming.cn/wmkcd/201110/t20111028_123270.shtml。
③ "成都:建设公民信息管理系统已归集10亿条信息",信用中国(安徽),http://credit.ah.gov.cn/DomesticDynamic/4048.htm。

成效①。

至此，成都全市社会信用体系建设工作机制初步建立，覆盖企业和个人的城市级综合性信用信息共享平台初步启用，跨部门协同联动推动城市社会信用体系建设的格局初步形成，履约践诺、诚实守信的社会氛围在成都已然兴起，信用逐步开始释放经济价值与社会效益。

2. 以创建国家示范城市为目标，系统推进社会信用体系建设

2014年6月，全国《社会信用体系建设规划纲要（2014—2020年）》印发，提出要选择典型地区开展信用建设示范。同年11月，《四川省社会信用体系建设规划（2014—2020年）》印发，提出要支持条件成熟的成都等基础条件较好、代表性强、积极性高并有望实现突破的城市试点先行，择优推荐创建信用建设示范城市，实现以点带面的示范效应。2015年上半年，国家层面启动"国家信用建设示范城市"创建活动②。2015年下半年，《国家发展改革委 中国人民银行关于同意沈阳等11个城市创建社会信用体系建设示范城市工作方案的复函》（发改财金〔2015〕1667号）印发，成都市作为西部地区唯一获批城市，成为首批全国创建社会信用体系建设示范城市③，创建期为2年。

成都市成为首批全国创建社会信用体系建设示范城市后，按照创建工作要求，系统推进社会信用体系建设，在完善强化顶层设计、实施统一社会信用代码制度、落实"双公示"工作、建立健全工作机制、统筹建设地方信用信息共享交换平台等基础性工作方面加快发展步伐。2015年4月，成都市第一部社会信用专项规划《成都市社会信用体系建设规划（2015—2020）》正式发布，为成都市自2015年至2020年社会信用体系

---

① 成都市发展和改革委员会："以创建示范城市为契机 深化社会信用体系建设"，《先锋》2015年第9期，第34~35页。

② 湖北省发展和改革委员会："关于组织申报创建'国家信用建设示范城市'的通知"，2015年05月20日，https://fgw.hubei.gov.cn/fbjd/zc/zcwj/tz/201505/t20150521_3764311.shtml。

③ 据中国政府网《全国首批创建信用体系建设示范城市确定》，其他10个首批全国创建社会信用体系示范城市为沈阳市、青岛市、南京市、无锡市、宿迁市、杭州市、温州市、义乌市、合肥市、芜湖市。

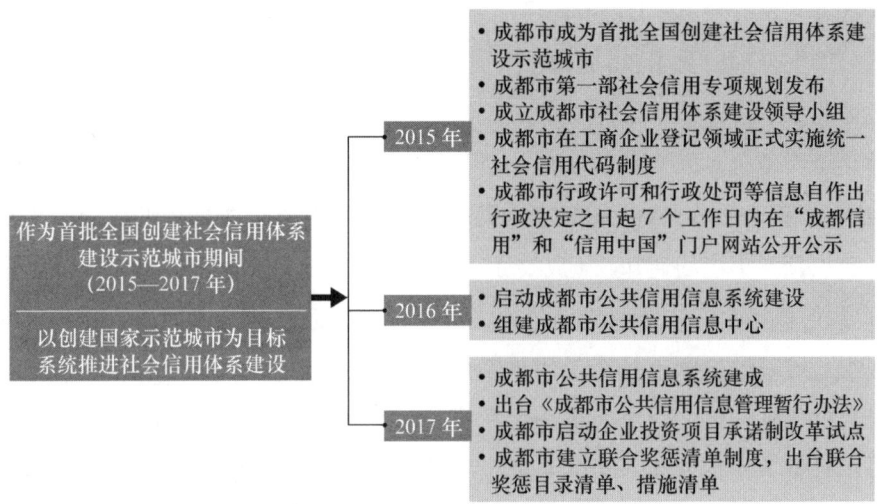

图 2　成都市作为首批全国创建社会信用体系建设示范城市期间社会信用体系建设发展概况

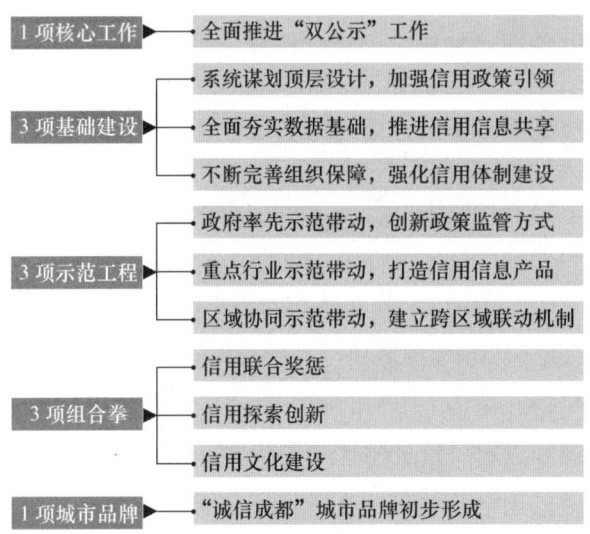

图 3　成都市创建国家社会信用体系建设示范城市期间社会信用体系建设主要举措

建设原则、目标与重点任务作出了系统性安排。2015 年 8 月，《成都市"三证合一"登记制度改革实施方案》出台，于当年 9 月 1 日率先在工商企业登记领域正式实施统一社会信用代码制度。2015 年 10 月，为贯彻落

实国务院常务会①关于行政许可、行政处罚信息自作出决定之日起7个工作日内网上公示的要求,《成都市人民政府办公厅关于做好我市行政许可和行政处罚信息公开公示工作的通知》(成办函〔2015〕169号)印发,全面推进全市"双公示"工作,实现与"信用中国"网站的信息共享交换。同年,《中共成都市委办公厅 成都市人民政府办公厅关于成立成都市社会信用体系建设领导小组的通知》(成委厅字〔2015〕9号)印发,成都市成立了市领导挂帅、包含73家市级部门为成员单位的成都市社会信用体系建设领导小组,统筹推进全市社会信用体系建设工作。2016年,为全面夯实信用信息数据基础,更大力度、更深层次推进信用信息共享应用,成都市依托政务信息资源共享交换平台、企业信用信息系统、公民信息管理系统和各部门数据交换机制,启动成都市公共信用信息系统建设;在原成都市企业信用信息管理中心基础上组建了成都市公共信用信息中心,对成都全市相关单位采集的公共信用信息进行归集、披露、使用和推送。2017年,为进一步发挥成都市发展改革委和中国人民银行成都分行营管部的双牵头作用,加强各部门、各单位的主观能动性形成工作合力,出台《成都市社会信用体系建设领导小组关于调整领导小组组成的通知》,对成都市社会信用体系建设领导小组组成进行调整。同年,成都市公共信用信息平台建成,并由成都市人民政府印发《成都市公共信用信息管理暂行办法》(成办函〔2017〕79号),出台《成都市公共信用信息目录》等系列配套文件,明确了有关职能部门在公共信用信息管理工作中的职责,公共信用信息的定义、信息目录、信息归集、披露和应用、信息主体权益保护、法律责任等内容,为进一步规范成都市公共信用信息管理、完善信用信息共享公开制度,推动信用信息资源的有序开发利用提供了制度保障。

此外,创建期间,成都市还率先实施了企业投资项目信用承诺制,在环保等重点领域开展信用分类监管,并出台《成都市社会信用体系建设领

---

① "国务院办公厅关于运用大数据加强对市场主体服务和监管的若干意见",中国政府网,2015年7月1日,http://www.gov.cn/zhengce/content/2015-07/01/content_9994.htm。

导小组关于建立守信联合激励和失信联合惩戒清单制度的通知》（成信领〔2017〕4号）、《成都市信用联合奖惩目录清单》、《成都市信用联合奖惩措施清单》等系列文件，全面推进联合奖惩工作，在建立以信用为核心的市场监管体系方面取得初步成效。同时，成都市立足农业发展、科创企业融资等重要领域，因地制宜探索推出"农贷通"平台、"科创通"科技型企业创新创业信用服务平台等信用应用产品；税务部门率先与金融机构建立信息互通机制，推进"银税互动"工作，推动金融机构开发以税务信用评价等级和纳税记录为授信贷款依据的金融产品，拓宽中小微企业融资渠道。通过创建工作，成都市形成了一些社会信用体系建设中具有创新性、实效性和可复制性的典型经验，使信用为促进经济社会发展发挥实际效用，社会诚信意识显著提高。

至此，作为全国首批创建社会信用体系建设示范城市之一，在顶层设计、工作机制、统一社会信用代码制度实施、信用信息共享交换、"双公示"工作、联合奖惩、信用承诺、信用产品开发、诚信文化建设等方面开展了一系列实践探索，顺利完成了各项创建目标任务，取得了较好的阶段性成效，成功推进社会信用体系建设和城市文明诚信水平迈上新台阶，"诚信成都"城市品牌初步形成。

3. 以获评国家示范城市为契机，全面深化社会信用体系建设

通过国家发展改革委和中国人民银行等多个国家部委联合专家组的考核评估，2017年12月28日，《国家发展改革委办公厅 中国人民银行办公厅关于印发首批社会信用体系建设示范城市名单的通知》（发改办财金〔2017〕2158号）明确成都市等12个城市成为全国首批社会信用体系建设示范城市。成都市作为中西部地区唯一获评城市，创建期间系统推进社会信用体系建设系列工作得到国家层面肯定，并被国家赋予了社会信用体系建设方面更高的工作要求。

作为示范城市，按照国家要求，成都市在统一社会信用代码、信用信息采集归集、公共信用信息共享平台和信用门户网站建设、行政许可和行政处罚信息公示等方面将相关工作推向纵深，并在"双随机、一公开"、异议处理和信用修复、信用服务市场培育和发展方面率先探索,走在前列。2018年10月,成都市人民政府印发《关于加强政务诚信建设的实施意见》(成府发〔2018〕12号),积极推动在政府采购、政府和社会资本合作、招标投标、招商引资等领域建立政务诚信管理机制,提升政府诚信行政水平,充分发挥政府在社会信用体系建设中的示范表率作用。2019年2月,成都市印发《成都市加强个人诚信体系建设实施方案》,探索建立个人信用分,积极拓展个人信用分在社会保障、公共交通、教育、科研、金融、医疗卫生等领域的应用。2019年5月,成都市在全国率先出台了《成都市人民政府关于在全市市场监管领域全面推行部门联合"双随机、一公开"监管的实施意见》(成府发〔2019〕7号),并配套出台联席会议工作制度、联合抽查工作细则、事项清单、任务分解表等配套文件,全面推开"双随机、一公开"工作。与此同时,成都市不断完善信用异议处理机制和修复机制,健全信用异议处理制度框架,畅通异议处理渠道,增强异议处理的可操作性和有效性。2020年,为提升信用修复效率,成都市社会信用体系建设领导小组办公室出台了《信用中国(四川成都)网站行政处罚信息信用修复流程(试行)》,市民可在"信用中国(四川成都)"网站上线行政处罚信息信用修复功能,将原来须在线下提交资料和审核的信用修复环节调整到线上进行,提升行政处罚信息信用修复效率。

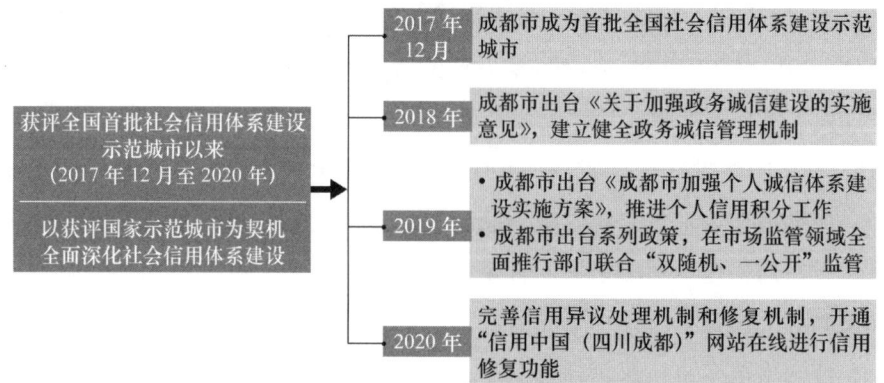

图4 成都市获评全国首批社会信用体系建设示范城市以来社会信用体系建设发展概况

成为全国首批社会信用体系建设示范城市以来,成都市按照国家部署,不断加大工作力度，落实社会信用体系建设各项工作任务，并积极探索创新可复制可推广的经验做法，力争最大程度发挥典型示范作用。总体来看，成都市社会信用体系建设起步在前、发展有序，有力有效地开展了国家社会信用体系建设的各项重点任务，作为首批社会信用体系建设示范城市发挥了较为明显的引领效应。

（二）成都市社会信用体系建设现状与成效

为进一步深化社会信用体系建设，成都市充分发挥政府组织协调、示范引领、监督管理作用，充分调动各类主体参与社会信用体系建设的积极性，在健全信用制度保障，夯实信用基础设施建设，归集共享应用信用信息，推进构建以信用为基础的新型监管机制，以信用基础促进金融服务实体经济，培育信用服务市场与机构，营造良好信用环境等重要方面将相关工作持续推向纵深，全社会诚信意识和信用水平不断提高，取得系列建设成效与新的突破。

1. 信用基础设施更加优化

建设城市信用信息共享平台、开通信用网站，是国家推进社会信用体系建设的基本要求，也是保障信用信息数据归集、共享、公开和应用的基础保障。2021年，成都市两大基础性信用基础设施——成都市公共信用信息系统和"信用中国（四川成都）"网站平稳运行，为信用信息归集、共享、公开和应用提供了坚实支撑。按照《成都市公共信用信息目录（2020年版）》要求，成都市依托市公共信用信息系统和市政务资源共享平台对目录中收录的56家涉及法人部分的单位以及54家涉及自然人部分的单位，共计609项信息事项所产生的数据实现了"应归尽归"。截至2021年12月31日，成都市公共信用信息系统已归集法人信用信息数据共计2.95亿条，成都市政务资源共享平台已归集自然人信用信息数据共计7.40亿条[①]（见图5）。2021年，成都市公共信用信息系统向全国信用信息共享平台共享的信用信

[①] 资料来源：成都市发展和改革委员会。

息数量为424万余条①，数据归集覆盖面和数量不断提升。在信息安全保障方面，截至2021年12月31日，成都市出台的数据安全保护和应对制度已覆盖了安全管理组织机构、人员管理、安全建设管理、安全运行管理、应急预案、数据安全以及个人隐私保护7个方面，数据安全保护和应对制度较为完备，网络与信息安全及隐私保护情况良好。

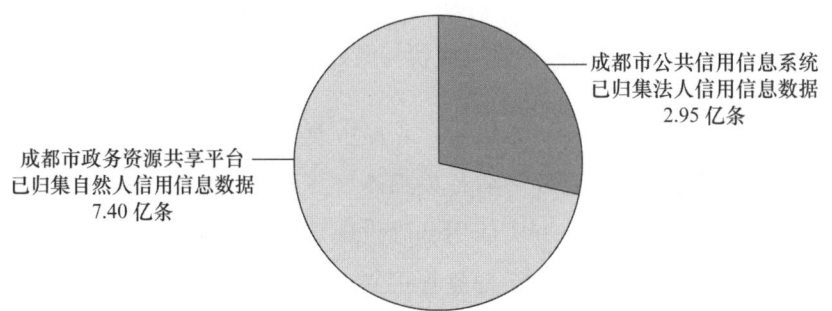

图5 2021年度成都市自然人和法人信用信息数据归集量

在此基础上，成都市依托成都市电子政务云，与国家企业信用信息公示系统（四川）、四川省"互联网＋监管"平台、"信用中国（四川成都）"网站、成都市法人信息库、成都市法院执行系统等10余个系统深度对接，创新打造了成都市市场主体智慧监管平台，实现了企业全生命周期信用监管，因此项工作成都市在国务院办公厅通报中被评为"深化商事制度改革成效显著、落实事中事后监管等相关措施社会反映好的地方"。该平台以统一社会信用代码为关联码，汇集企业全生命周期的登记、审批、监管、执法、司法等信息，形成涵盖行政许可、行政处罚、信用承诺等信息的企业全景画像和全息档案，支撑市、区（市）县、街道（乡镇）三级应用，截至2021年12月31日已成功归集成都市51个部门共计1.74亿条涉企信息②，有力支撑了成都全市部门联合"双随机"监管、失信联合惩戒、专项整治、无证无照经营综合治理、联席会议、司法送达信息共享、风险

---

① 资料来源：成都市公共信用信息中心，数据统计时间以推送至全国信用信息共享平台的时间为准。

② 资料来源：成都市市场监督管理局。

监测预警和监管对象管理等以信用为基础的新型监管机制的建立健全。2021年3月，基于成都市市场主体智慧监管平台系统梳理各环节监管业务标准，成都市在全国率先发布并实施《成都市市场主体智慧监管　数据规范》（DB5101/T 113—2021）、《成都市市场主体智慧监管　数据交换接口》（DB5101/T 114—2021）、《成都市市场主体智慧监管　业务流程规范》（DB5101/T 115—2021）3项标准，首次实现了"监管业务标准"与"数据技术标准"融合共建，为全国各地健全信用基础设施、推进信用监管数字化提供了规范化、精细化、可借鉴的"成都标准"。

2. "双公示"数量质量双提升

信用信息是社会信用体系建设的"基础桩"，将行政许可和行政处罚等信息规范、完整、清晰、准确地向社会公开，方便个人、市场主体和其他组织查询、查看和使用，是信用信息在社会信用体系建设中发挥关键作用的前提，也是社会信用体系建设走向成熟发展阶段的特征。在"双公示"信息公开公示方面，2021年，成都市对全市相关市级部门和各区（市）县的"双公示"事项目录进行更新完善，根据行政审批制度改革、机构职能调整、相关法律法规变化等最新情况调整形成了《成都市"双公示"信息目录》（2021版），共梳理确定市级部门"双公示"事项3750项、区（市）县"双公示"事项109868项。2021年，成都市公共信用信息中心共接收成都市政务信息资源共享平台的"双公示"数据2714940条，数据合规率为96.26%，"双公示"信息数据合规率连续两年保持在96%以上[①]。

3. 信用承诺制度全面实施

实施信用承诺制度是构建以信用为基础的新型监管机制的重要一环，是创新事前环节信用监管的基础性制度。2021年，成都市出台《关于全面实施信用承诺制度的通知》（成信领办〔2021〕6号），全面实施信用承诺制度，明确除直接涉及国家安全、公共安全、生态环境保护和直接关系人身健康、生命财产安全的政务服务事项外，可通过事中事后监管达到办理

---

① 资料来源：成都市发展和改革委员会、成都市公共信用信息中心。

条件且不会产生严重后果的政务服务事项,以及各类法人、自然人根据需要或主动作出的承诺事项,均属于成都信用承诺制度适用范围。根据《国务院办公厅关于加快推进社会信用体系建设 构建以信用为基础的新型监管机制的指导意见》(国办发〔2019〕35号)精神,成都市按照政务信用承诺、审批替代型信用承诺、容缺受理型承诺、主动公示型信用承诺、行业自律型信用承诺、证明事项告知承诺、信用修复承诺共七大类梳理信用承诺事项并形成《成都市信用承诺事项清单》以及其配套的信用承诺书模板、信用承诺工作流程等制度文件。截至2021年12月31日,成都市在政务服务大厅已实现信用承诺的事项占法定可承诺事项总量的比例已达100%,高于全国省会及副省级以上城市平均水平(93.57%)[①];成都市公共信用信息系统已归集入库259万余条信用承诺、履约践诺信息数据,其中承诺信息2559832条、履约践诺信息34223条,信用承诺信息数量较2020年增加1870918条,信用承诺数量占全市工商企业数比值为147.96%,较2020年提升81.66%[②]。当前,"信用中国(四川成都)"网站及各区(市)县、各级行政(行业)主管部门门户网站均可提供信用承诺及践诺情况信息查询服务,信用承诺制度为成都市进一步提升行政审批事项办理效率、清理证明事项、方便企业和群众办事等方面发挥了良好作用。

4. 信用评价和分级分类监管逐步扩面

深入开展信用评价是推进信用分级分类监管的前提,信用分级分类监管是科学配置监管资源、加强事中环节信用监管、进一步释放市场活力的关键。在公共信用综合评价方面,依托市公共信用信息系统,成都市在全国率先打造市场主体信用积分管理平台,深入开展公共信用综合评价,推进市场主体信用积分制度,拟定《成都市市场主体信用积分综合评价管理办法(试行)》和《成都市市场主体信用积分评价细则》,形成涵盖36家市级单位,1490个可加减分的指标项,实现对市场主体信用状况的量化分析。

---

① 资料来源:《四川省—成都市信用建设情况简报》(2021年1月1日—2021年12月31日)。
② 资料来源:成都市公共信用信息中心统计。

截至 2021 年 12 月 31 日，市场主体积分管理平台已采集数据 2.47 亿条，每日生成 340 余万户市场主体信用评价，向成都市公共信用信息系统、成都市市场主体智慧监管平台等平台交换 1.55 亿条数据，在市公共信用信息系统上建立了 10 类"行业失信重点关注名单"，共计 511374 条①。在行业信用评价方面，成都市创新"1＋N"信用评级模式，即 1 个地方标准《成都市企业公共信用等级划分》（DB510100/T 128—2018），以及 N 个行业信用标准，每年开展行业信用评级工作，引导行业诚信自律。行业信用评级结果均录入"信用中国（四川成都）"网站，可在全国范围内查询使用，评价结果可作为政府采购、招投标等公共资源交易项中的加分项；在项目审批、专项资金安排、政府资金补贴、表彰评优、资质认定等工作中可作为参考依据。目前，成都信用协会已联合多个行业社会组织根据行业特点制定了成都市房地产、零售商、家具、餐饮等行业信用标准，已从 2000 余家受评企业中评选出 160 余家诚信企业，有效促进各行业的规范化诚信发展。该项举措在全国营商环境评估中，被国家发展改革委列为创新典型案例。在信用分级分类监管方面，截至 2021 年 12 月 31 日，成都市累计开展信用分级分类监管领域数量达 50 余个②，已覆盖房地产开发、住房租赁、房产测绘、建筑工程勘察、建筑施工总承包和监理、工程造价咨询、预拌混凝土和预拌砂浆、物业服务、人防工程建设、快递、出租车、公路建设施工类招投标、共享单车、医疗保险定点医疗、安全生产、工业产品、食品生产、餐饮服务、网络餐饮服务、网络餐饮服务第三方平台、电子商务、农业经营、农产品质量安全、纳税、文化市场、旅游、水利工程建设招标、中介服务、国有建设用地使用权出让地价评估、医务人员、校外培训、环境保护领域、律师、法律服务行业、公证机构、社会组织、政府采购、知识产权、会展广告、招投标企业、价格领域、统计机构、版权领域市场主体、雷电灾害防护、公共资源交易代理、劳动派遣、社会保险补贴、高新技术服务、酒

---

① 资料来源：成都市公共信用信息中心。
② 资料来源：《四川省—成都市信用建设情况简报》（2021 年 1 月 1 日—2021 年 12 月 31 日）。

类流通、生猪屠宰、食品生产、建筑垃圾运输、运渣、中小企业、信用评价、小贷公司、自贸区企业等领域①。其中,成都市针对建筑市场主体的信用分级分类监管在国家住房和城乡建设部主管的全国性刊物《中国建设报》上予以刊登推广;成都市针对食品生产企业的食品安全信用分级分类监管经验作为先行先试经验在四川全省市场监管系统推广。在其他信用评价结果典型应用方面,成都市制定《成都市工程建设招标投标从业单位信用信息管理实施办法》,建立相关从业单位信用信息系统,将市政、房建、交通、水务等行业的多个上下游从业单位纳入全流程管理,显著增强信用分在评标结果中的重要性;转变信用信息录入方式,由政府审核录入调整为以企业自主填报为主,公开信用信息和评分细则,接受社会监督、投标人相互监督、招标人核实等事中事后监督,降低行政管理成本,增强监督力度。该项举措入选国家发展改革委创新成果,于2021年纳入《国家发展改革委办公厅关于招标投标领域推广借鉴有关改革创新举措和典型经验做法的通知》,在全国予以推广。

5. 信用激励惩戒和信用修复落地见效

健全守信激励和失信惩戒机制是提升全社会信用水平、增强全社会诚信意识的有效手段,建立信用修复机制是失信主体退出惩戒措施的制度保障,是完善事后环节信用监管的必然要求。在信用激励惩戒方面,按照《成都市社会信用体系建设领导小组关于建立守信联合激励和失信联合惩戒清单制度的通知》(成信领〔2017〕4号)要求,成都市动态更新《成都市信用联合奖惩目录清单》和《成都市信用联合奖惩措施清单》,建立健全成都市信用联合奖惩机制。《成都市信用联合奖惩目录清单2019版》共确定联合奖惩对象52类,包括守信联合激励对象8类和失信联合惩戒对象44类。依托成都市市场主体智慧监管平台,成都市建立了严重违法失信企业、失信被执行人、重大税收违法、人社黑名单4类失信联合惩戒对象名录库,

---

① 资料来源:成都市发展和改革委员会。

对行政相对人实施联合惩戒的应用部门数量达 59 家。其中，为依法惩戒拖欠农民工工资等失信行为，成都市市、区两级住房和城乡建设行政主管部门通过"成都市住房和城乡建设局智慧工地平台"及"成都市建设领域农民工综合服务平台"对工程建设项目全周期的农民工工资支付、农民工工资支付担保缴纳及农民工欠薪投诉处理情况进行监控和预警，并按照相关规定对项目实施的各重要阶段进行跟踪管控，将存在严重拖欠农民工工资违法失信行为的用人单位及其法定代表人、主要负责人和负有直接责任的有关人员纳入失信联合惩戒对象名单，发起联合惩戒，并向社会公开曝光。该项做法及其相关措施有效维护了农民工合法权益，获国家住房和城乡建设部主管的全国性刊物《中国建设报》刊登推广。在信用修复方面，成都市按照国家、四川省关于行政处罚对象信用修复相关要求，进一步梳理修复流程、明确修复要件，在"信用中国（四川成都）"网站建立线上信用修复专栏，公布《"信用中国（四川成都）"网站行政处罚信息信用修复指南》、信用修复培训机构名单、信用报告服务机构名单，信用修复流程透明度高，已实现信用修复全流程"一网通办"和企业办理信用修复"一次都不跑"。2021 年，成都市信用修复申请核查工作推进较好，未出现无故超期情况。截至 2021 年 12 月 31 日，"信用中国（四川成都）"网站已收到在线信用修复申请 1310 件，较 2020 年年底增加 1120 件（见图 6）；在线信用修复成功办结数量达 686 件，较 2020 年年底增加 577 件，在线信用修复业务的推广度、应用度有明显提升（见图 7）。

6. "信易贷"有效缓解企业融资难问题

推广基于信息共享和大数据开发利用的"信易贷"模式，扩大信用贷款规模，解决中小微企业和个体工商户融资难题，是以信用促进金融服务实体经济发展的重要举措。成都市已归集企业社保、纳税、公积金、水、电、气、仓储物流、知识产权等核心信用信息并共享至全国"信易贷"平台，为中小企业与金融机构的双向对接提供更加扎实的信用信息基础和更加丰富的信用融资服务。其中，成都市针对政府招投标项目创新推出的"信易贷"产品——成都市创新中小企业政府采购信用融资（"蓉采贷"），

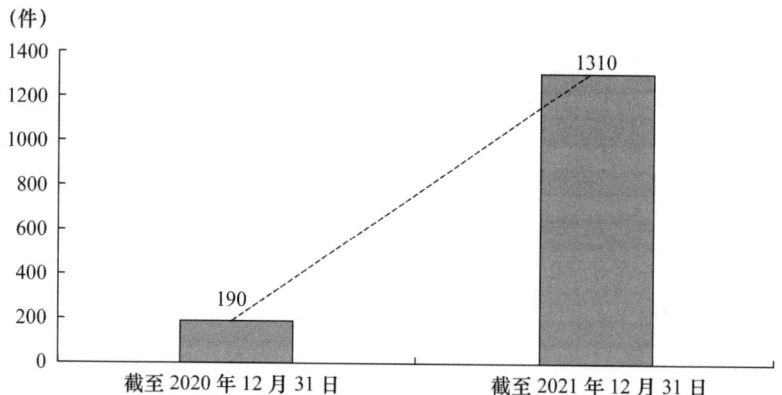

图 6　2020 年、2021 年"信用中国（四川成都）"网站信用修复申请情况

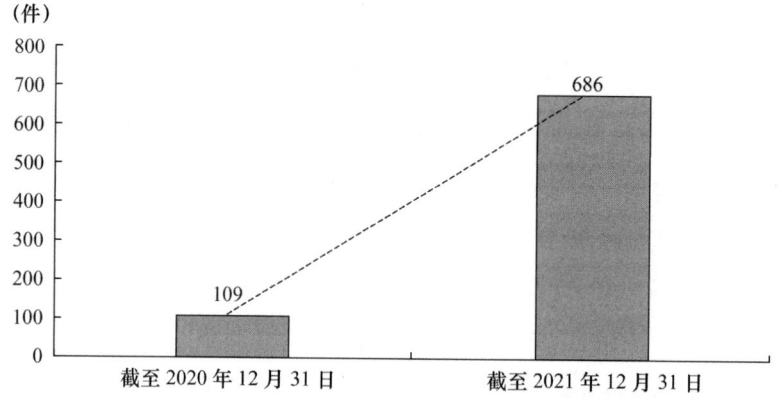

图 7　2020 年、2021 年"信用中国（四川成都）"网站信用修复成功办结情况

支持中小企业仅凭政府采购合同，即可向合作银行申请无抵押、无担保、低利息的信用融资；引导合作银行降低融资利率、放大授信额度、简化审批流程，开通网上"融资超市"，实现中小企业政府采购合同信用融资"线上＋线下"双绿色通道。该项举措入选国家发展改革委支持民营企业改革发展的典型做法，于 2021 年纳入《国家发展改革委办公厅关于推广地方支持民营企业改革发展典型做法的通知》（发改办体改〔2021〕763 号），在全国予以推广。截至 2021 年 6 月底，成都全市共向 503 家（次）中小微企业授信 17.24 亿元，投放"蓉采贷"10.06 亿元，贷款利率为 3.92%～5.66%。截至 2021 年 8 月底，"蓉易贷"已向 526 家（次）中小企业授信

17.93亿元，实际投放10.49亿元，有效缓解了中小企业融资难、融资贵问题①。下一步，成都市将以"交子信易贷"平台为载体，建设成都市"信易贷"平台与"蓉易贷""创富天府""绿蓉融""科创通""盈创动力"等一系列融资对接平台，与成都银行、成都农商行等金融机构形成合力，助力中小企业更容易获得贷款。

7. 引导市场化信用服务行业规范发展

培育发展信用服务业，支持市场化信用服务机构开展形式多样的信用服务，形成公共信用服务机构和市场化信用服务机构相互补充、信用信息基础服务与增值服务相辅相成的信用服务体系，是促进政府和市场共建共创、共享共用、互利互赢，形成社会信用体系建设强大合力的方向路径。目前，国家发展改革委已公布的首批参与综合信用服务机构试点工作的机构中，有1家注册地位于成都市的机构入选，另有多家入选机构在成都市设有分支机构或办事处，能够提供专业化、综合性的市场化信用服务。中国人民银行公布的全国已备案企业征信机构中，有6家注册地位于成都市②。国家公共信用信息中心已公布的第一批可为信用修复申请人出具信用报告的信用服务机构中，有2家注册地位于成都市的机构入选，能够为国内各地企业办理信用修复出具全国通用的信用报告。为进一步引导在蓉信用服务机构加强行业自律，促进信用评级市场健康规范发展，在成都市社会信用体系建设领导小组办公室、成都市发展和改革委员会指导下，成都信用协会制定并发布《成都市信用行业自律登记服务办法（试行）》，并启动首批社会信用服务机构登记服务工作③。在蓉社会信用服务机构进行自律登记及开展评级业务时遵循"三登记""四统一""两规范"原则，"三登记"指

---

① 资料来源：《国家发展改革委办公厅关于推广地方支持民营企业改革发展典型做法的通知》（发改办体改〔2021〕763号）。

② 源点信用："央行公布，细数136家央行备案征信机构！"，信用中国（四川资阳），2022年2月14日，http://creditzy.ziyang.gov.cn/staticPage/b84f57c6-6ed9-4a12-9713-6ac9ce3d0bf3.html。

③ 根据《成都市信用行业自律登记服务办法（试行）》，社会信用服务机构是指依照有关法律法规，经国家有关登记机关批准设立，提供信用评级、信用修复、信用报告、信用培训、信用调查、信用管理咨询以及其他与信用相关服务的企业。

对信用机构、从业人员、信用报告统一登记,"四统一"指开展评级业务时统一标准、统一流程、统一报告、统一证书,"两规范"指规范信用市场价格、规范行业监督。2021年1月,通过专家评审、现场调研和综合评估,首批21家在蓉信用服务机构已进行自律登记,其开展的信用评级结果根据《成都市公共信用信息目录》等相关规定在"信用中国(四川成都)"网站公开,供各行业主管部门在行政审批、政府采购、招标投标、资质认定、财政资金委托业务、政府贴息、政府补助、项目审批等工作中使用。通过实行日常抽查与年度审核相结合的自律机制,成都信用协会作为行业协会也加强对已登记机构的监督,并通过相关渠道公开披露已进行自律登记机构的信用信息,促进市场化信用服务业规范有序发展。

8. 全社会整体信用环境持续优化提升

良好的社会信用环境,既是城市社会信用体系建设的目标,更是加快融入"双循环"新发展格局的必要条件。国家公共信用信息中心城市监测报告显示,2021年,成都市综合信用指数为86.58,较2020年综合信用指数(86.21)有所提升。政府部门和国有企业清欠数据显示,截至2021年12月31日,成都市政府部门和国有企业已还款额度占欠款总额100.00%,政府行政效率和公信力不断提升[①]。纳税信用评价结果显示,2021年成都全市共有829423户企业纳入信用管理,评出纳税信用A级纳税人70224户,占比为8.47%,同比上升3.95个百分点。与2020年评价结果相比,成都市A、B、M级纳税人户数稳步上升,D级纳税人户数有所下降,反映出成都市企业纳税信用状态稳中有升、稳中向好的局面,特别是高信用等级的A级纳税人从3.3万余户增长到7万余户,增长率达111%以上,反映出成都市企业纳税信用的整体性提升明显[②](见图8)。AEO[③]高级认证情况显示,

---

① 资料来源:《成都市信用建设情况简报》(2021年1月1日—2021年12月31日)。
② 资料来源:国家税务总局成都市税务局。
③ AEO是"经认证的经营者"的英文简称,是世界海关组织在《全球贸易安全与便利标准框架》下确立的一项核心制度,AEO资质被公认为是全球贸易的"绿色通行证",通过认证的国内企业可以在与我国实现AEO互认的20个经济体、46个国家(地区)享受海关通关便利。

2021年成都关区共有8家企业顺利通过AEO高级认证，截至2021年12月31日，成都关区AEO高级认证企业（含分支机构）达42家，AEO高级认证企业年增长率达23.53%，反映出成都市进出口信用管理持续优化[①]。此外，2021年1月，中央宣传部、国家发展改革委联合发布2020年"诚信之星"，四川省成都天府新区宗富水果种植专业合作社理事长裴忠富是全国9位个人获得者之一[②]，发挥了诚信典型的示范带动作用。2021年，成都市共组织开展各类诚信宣传活动177次[③]，活动主题包括诚信兴商宣传月、创建诚信示范街区、诚信经营承诺示范店、诚信宣传进企业、诚信教育进校园、信用记录关爱日等，取得良好社会效益，全社会诚信意识和信用水平不断提升。

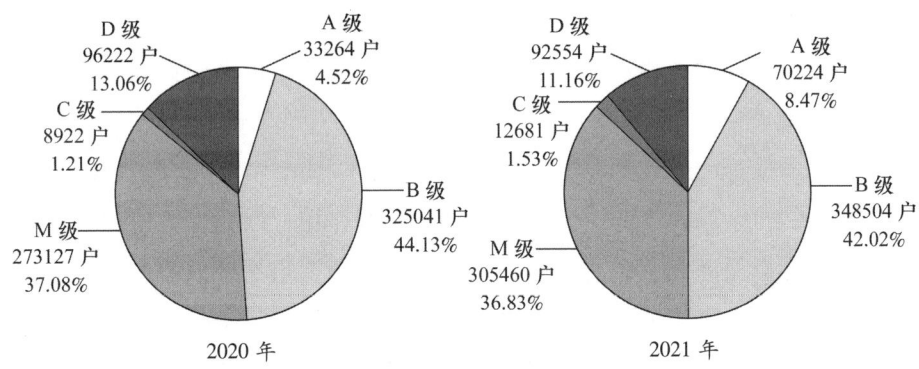

图8　2020年、2021年成都市企业纳税信用评价情况

三　成都社会信用体系建设值得关注的问题

新时期推动城市社会信用体系建设高质量发展，既必须紧跟国家社会信用体系建设发展新阶段与新要求，也必须立足城市发展新方位与新使命，

[①] 资料来源：成都海关。
[②] "中央宣传部、国家发展改革委联合发布2020年'诚信之星'"，新华社，2021年1月30日，http://www.xinhuanet.com/politics/2021-01/30/c_1127044439.htm?baike。
[③] 资料来源：《四川省成都市信用建设情况简报》（2021年1月1日—2021年12月31日）。

把握社会信用体系建设之于城市高质量发展进程中的机遇与挑战，充分发挥信用的基础支撑作用，服务并促进城市治理体系和治理能力现代化。根据党中央、国务院关于社会信用体系建设的最新要求，成都市肩负的城市发展重大使命，以及其他地区社会信用体系建设发展动态，提出成都市社会信用体系建设面临的新形势与新要求，以及值得关注的几点主要问题。

（一）成都市社会信用体系建设面临的形势和要求

当前，成都市已进入城市能级跃升期。充分发挥信用对提升城市发展整体效能、促进形成新发展格局的重要作用，以完善的社会信用体系支撑成都市作为国际门户枢纽城市、国家中心城市、成渝极核城市拥有辐射、集散和资源配置功能，在形成新发展格局中率先构筑竞争新优势、激发开放新活力、实现发展新突破，是成都市推进社会信用体系建设高质量发展的重要使命。

当前，成都已进入要素集聚增长期。充分发挥信用对于有效衔接供需、促进市场统一开放、营造一流营商环境的重要作用，以良好的信用环境支撑国内国际双循环相互促进，实现市场准入畅通、市场开放有序、市场竞争充分、市场秩序规范，加快形成企业自主经营公平竞争、消费者自由选择自主消费、商品和要素自由流动平等交换的现代市场体系，是成都市推进社会信用体系建设高质量发展的迫切要求。

当前，成都已进入发展方式转型期。充分发挥信用对于规范市场经济秩序、改善市场信用环境、降低制度性交易成本、防范化解风险的重要作用，以健全的社会信用机制实现对守信者"无事不扰"、对失信者"利剑高悬"，最大限度地减少政府对市场资源的直接配置和对微观经济活动的直接干预，更大程度地激发市场活力，是成都市推进社会信用体系建设高质量发展的现实需要。

当前，成都已进入动力转换攻坚期。充分发挥信用对于释放消费潜力、增强投资者信心、推进高水平对外开放的重要作用，以健全的信用制度、多元的信用工具、一流的信用水平营造诚信消费投资环境、打造诚实守信进出口营商环境，积极应对全球治理体系和国际秩序变革，是成都市推进社会信用体系建设高质量发展的关键任务。

当前，成都已进入改革创新关键期。充分发挥信用对于解决制约经济社会运行的难点、堵点、痛点问题的重要作用，在提升科技创新策源能力、促进城市绿色低碳发展、构建高效现代流通体系、建设国际消费中心城市、加快构建现代产业体系、增强国际门户枢纽功能等关键方面创新应用信用手段并释放信用价值，是成都市推进社会信用体系建设高质量发展的必然要求。

当前，成都已进入现代治理提升期。充分发挥信用对于实现高质量发展、高品质生活、高效能治理的重要作用，以建设践行新发展理念的公园城市示范区为统领，围绕探索山水人城和谐相融新实践和超大特大城市转型发展新路径要求，推动信用理念、信用制度、信用手段与城市经济社会发展各方面各环节深度融合，围绕"四个着力"①形成一批超特大城市现代化治理优秀做法和典型经验，是成都市推进社会信用体系建设高质量发展的应有之义。

（二）成都市社会信用体系建设值得关注的趋势与问题

根据国家、省、市"十四五"规划和社会信用体系建设相关政策的最新要求，立足成都实际，对标其他城市社会信用体系建设情况，提出未来一段时期内社会信用体系建设的5个方面的热点与趋势，成都市应予以重点关注。

1. 社会信用法治化建设进程加快

中共中央《法治社会建设实施纲要（2020—2025年）》提出，推动出台信用方面的法律。《中共中央、国务院关于加快建设全国统一大市场的意

---

① 据《成都建设践行新发展理念的公园城市示范区总体方案》，"四个着力"指着力厚植绿色生态本底、塑造公园城市优美形态，着力创造宜居美好生活、增进公园城市民生福祉，着力营造宜业优良环境、激发公园城市经济活力，着力健全现代治理体系、增强公园城市治理效能。

见》提出，加快推进社会信用立法。中共中央办公厅、国务院办公厅《关于推进社会信用体系建设高质量发展促进形成新发展格局的意见》提出，推动社会信用体系建设全面纳入法治轨道，加快推动出台社会信用方面的综合性、基础性法律，鼓励各地结合实际在立法权限内制定社会信用相关地方性法规。我国首次发布的《全国公共信用信息基础目录（2021年版）》和《全国失信惩戒措施基础清单（2021年版）》也明确要求，各地编制地方公共信用信息补充目录和失信惩戒措施补充清单，应以地方性法规为依据进行编制。制度是信用之基，进入"十四五"时期，国家层面对于社会信用体系建设的法治化、规范化要求不断提高，各地在社会信用体系建设方面的地方立法进程也不断加快。从地方立法现状来看，当前已存在三种地方立法趋势，分别为"社会信用条例""社会信用信息（管理）条例"以及"公共信用信息（管理）条例"[1]。截至2022年6月1日，全国已有20部地方性社会信用条例正在施行中[2]，5部地方性公共信用信息（管理）条例正在施行中[3]，2部地方性社会信用信息（管理）条例正在施行中[4]（见表4）。根据《四川省人民政府2022年立法计划》，《四川省社会信用条例》被列入立法目录。根据四川省发展改革委的相关要求，成都市正积极配合四川省做好信用立法的相关工作，并结合成都市信用工作实际，在立法过程中提出了相关建议意见。由此看来，加快社会信用法治化建设已是推动社会信用体系建设高质量发展的必要一环，地方社会信用体系因地制宜建设需要在地方性法规的框架下依法依规、稳慎适度地开展。

---

[1] 源点信用："地方信用立法进度梳理（截至2022年2月）"，信用中国（四川资阳），2022年2月18日，http://creditzy.ziyang.gov.cn/staticPage/902b02ae-ab15-4c20-aad9-e-27defc18435.html。

[2] 资料来源：社会信用地方条例情况统计数据为"北大法宝"中以"社会信用条例"为关键词搜索地方性法规的检索结果，搜索时间为2022年6月1日。

[3] 资料来源：公共信用信息（管理）地方条例情况统计数据为"北大法宝"中以"公共信用信息"为关键词搜索地方性法规的检索结果，搜索时间为2022年6月1日。

[4] 资料来源：社会信用信息（管理）地方条例情况统计数据为"北大法宝"中以"社会信用信息"为关键词搜索地方性法规的检索结果，搜索时间为2022年6月1日。

表4　　　　　　　　　社会信用地方立法情况

序号	条例名称	施行时间
类型一：地方性社会信用条例		
1	《山西省社会信用条例》	2022年10月1日
2	《黑龙江省社会信用条例》	2022年7月1日
3	《陕西省社会信用条例》	2022年3月1日
4	《辽宁省社会信用条例》	2022年1月1日
5	《甘肃省社会信用条例》	2022年1月1日
6	《江西省社会信用条例》	2022年3月1日
7	《海南自由贸易港社会信用条例》	2022年1月1日
8	《吉林省社会信用条例》	2022年1月1日
9	《江苏省社会信用条例》	2022年1月1日
10	《重庆市社会信用条例》	2021年7月1日
11	《广东省社会信用条例》	2021年6月1日
12	《天津市社会信用条例》	2021年1月1日
13	《山东省社会信用条例》	2020年10月1日
14	《河南省社会信用条例》	2020年5月1日
15	《上海市社会信用条例》	2017年10月1日
16	《宿迁市社会信用条例（2021修订）》	2022年1月1日
17	《四平市社会信用条例》	2021年5月31日
18	《大连市社会信用条例》	2021年7月1日
19	《南京市社会信用条例》	2020年7月1日
20	《厦门经济特区社会信用条例》	2019年6月1日
类型二：地方性公共信用信息（管理）条例		
1	《青海省公共信用信息条例》	2021年5月1日
2	《内蒙古自治区公共信用信息管理条例》	2021年6月1日
3	《浙江省公共信用信息管理条例》	2018年1月1日
4	《陕西省公共信用信息条例》	2012年1月1日
5	《泰州市公共信用信息条例》	2016年10月1日
类型三：地方性社会信用信息（管理）条例		
1	《河北省社会信用信息条例》	2018年1月1日
2	《湖北省社会信用信息管理条例》	2017年7月1日

2. 信用信息共享整合提质扩面

自2015年国务院就做好"双公示"工作作出安排部署以来，各地政府均按照相关法律法规将行政许可和行政处罚信息规范、完整、清晰、准确地向社会公开，并定期报送至全国信用信息共享平台。据国家发展改革委2021年度全国各地区行政许可和行政处罚"双公示"信息报送情况通报，浙江省2021年度"双公示"数据合规率达到99.7%以上，迟报率低于5%，抽查瞒报率为0，获得国家通报表扬[1]；据2021年全国信用信息共享平台、信用门户网站和全国中小企业融资综合信用服务平台建设现场观摩视频会上介绍，广东省"双公示"数据合规率保持在99.5%以上，迟报率下降至6%，抽查瞒报率为0[2]。从数据来看，多地"双公示"信息归集共享质量和效率正不断提升至更高水平。在做好"双公示"基础上，中共中央《法治社会建设实施纲要（2020—2025年）》提出，涉及公民、法人或其他组织权利和义务的行政强制决定、行政征收决定等应依法予以公开。《国务院办公厅关于加快推进社会信用体系建设 构建以信用为基础的新型监管机制的指导意见》（国办发〔2019〕35号）提出，应研究推动行政强制、行政确认、行政征收、行政给付、行政裁决、行政补偿、行政奖励和行政监督检查等其他行政行为信息7个工作日内上网公开。由此可见，在接下来一段时期内，信用信息作为社会信用体系建设的基础，其公开的质量、效率、广度均需要迈上更高的台阶，除"双公示"之外的其他行政行为信息的归集共享工作亟待建章立制，并常态化开展。此外，《中共中央、国务院关于加快建设全国统一大市场的意见》要求，建立公共信用信息同金融信息共享整合机制。2021年12月，国务院办公厅印发《加强信用信息共享应用促进中小微企业融资实施方案》明确，要加强信用信息共享整合，深化大数据应用，支持创新优化融资模式，加强对中小微企业的金融服务。2022年

---

[1] "我省2021年度'双公示'信息报送工作获得国家通报表扬"，信用中国（浙江建德），http：//www.jiande.gov.cn/art/2022/1/27/art_ 1673049_ 59113764.html。

[2] "聚焦信用平台网站和信易贷 这个现场观摩视频会信息量很大"，信用中国（山西运城），https：//credit.yuncheng.gov.cn/doc/2021/11/08/33268.shtml。

4月，国家发展改革委办公厅、银保监会办公厅印发《关于加强信用信息共享应用推进融资信用服务平台网络建设的通知》（发改办财金〔2022〕299号），要求各地更加精准、更加全面地归集共享信息，提升信用信息的可用性，将加强信用信息共享应用促进中小微企业融资工作作为支撑企业纾困解难转型发展的重要措施和推动社会信用体系建设高质量发展的重点任务。为扎实做好"六稳"工作、全面落实"六保"任务，通过进一步整合信用信息、完善金融信用信息基础数据库，提高中小微企业贷款覆盖率、可得性和便利度，切实助力中小微企业纾困发展，已成为信用信息进一步整合、共享、应用的重中之重。

3. 信用监管向科学化、精准化、智慧化推进

随着信用承诺制度、信用分级分类监管、守信激励和失信惩戒机制、信用修复机制等逐步建立健全，以信用为基础的新型监管机制正在发挥越来越大的作用。进入新发展阶段，国家层面对于信用监管又提出一系列新的工作要求。中共中央、国务院《法治政府建设实施纲要（2021—2025年）》提出，要健全以"双随机、一公开"监管和"互联网＋监管"为基本手段、以重点监管为补充、以信用监管为基础的新型监管机制，推进线上线下一体化监管，完善与创新创造相适应的包容审慎监管方式，提高监管精准化水平。《中共中央、国务院关于加快建设全国统一大市场的意见》以及中共中央办公厅、国务院办公厅《关于推进社会信用体系建设高质量发展促进形成新发展格局的意见》均提出，要以信用风险为导向优化配置监管资源。《市场监管总局关于推进企业信用风险分类管理进一步提升监管效能的意见》（国市监信发〔2022〕6号）提出，要将企业信用风险分类管理理念和方式拓展到市场监管各业务领域，企业信用风险分类管理要与"双随机、一公开"监管有机融合，运用企业信用风险分类结果科学配置监管资源，提高监管及时性、精准性、有效性。随着经济的快速发展与数字时代的到来，市场主体不断扩容、线上线下市场加速融合、新模式新业态层出不穷、市场主体要求持续提高，如何以数字化为信用监管赋能增能，进一步释放信用监管对于提高资源配置效率、降低制度性交易成本、防范化解风险的

重要价值,实现对违法失信者"无处不在"、对诚信守法者"无事不扰",以公正、精准、高效的监管促进公平竞争、优胜劣汰,是建立健全贯穿市场主体全生命周期,衔接事前、事中、事后全监管环节的新型监管机制需要应对的重要挑战。

4. 现代信用服务业培育与发展

《国家发展改革委办公厅关于充分发挥信用服务机构作用加快推进社会信用体系建设的通知》(发改办财金〔2018〕190号)明确提出,要多措并举推动信用服务机构发挥积极作用。上海市、深圳市等地区也大力推动信用服务机构发展,取得了一定成效。数据显示,作为创建我国首个信用经济试验区的深圳市前海深港现代服务业合作区,2017年时各类信用服务机构已超过500家,经营范围包括信用管理、信用咨询、信用评级、征信、信用评估、信用信息、资信评估、资信评级等①;上海市从事信用服务业的企业在2018年时已达270余家,其中经央行备案的企业征信机构29家,证监会、中国人民银行、银行间交易商协会等部门认可的信用评级机构共10家,上海全市主要信用服务机构全年营业收入规模超过20亿元②;截至"十三五"期末,南京市信用服务机构达75家,已拥有信用管理师792名(包括助理信用管理师641名、中级信用管理师151名)。为进一步推动信用服务业发展,《重庆市社会信用体系建设"十四五"规划(2021—2025年)》已明确提出到2025年在渝信用服务机构达到100家、信用市场规模超过100亿元的发展目标。2022年,中共中央办公厅、国务院办公厅印发的《关于推进社会信用体系建设高质量发展促进形成新发展格局的意见》又一次强调,各级有关部门以及公共信用服务机构应当在确保安全的前提下依法开放数据,支持征信、评级、担保、保理、信用管理咨询等市场化信用服务机构发展;要加快征信业市场化改革步伐,培育具有国际竞争力的信用评

---

① 源点信用:"深圳前海蛇口各类信用服务类机构超500家",搜狐网,https://www.sohu.com/a/210858163_777813。

② "《上海市社会信用条例》实施状况上午提交审议:如何用好3.2亿条信用信息?",《新民晚报》,https://baijiahao.baidu.com/s?id=1634203980332212858&wfr=spider&for=pc。

级机构。信用服务机构是社会信用体系建设的重要力量，信用服务机构既是服务于本地市场的专业性机构，也是以信用为纽带推动我国市场主体参与国际竞争与合作的重要平台。无论是从国家层面对于培育专业化信用服务机构的系列要求来看，还是就各地对于加快培育现代信用服务业的发展态势而言，在社会信用体系建设方面推动"有效市场"与"有为政府"更好结合、形成更大合力已势在必行，必须加快形成市场需求旺盛、专业机构丰富、专业人员充足的活跃信用市场。

5. 社会信用体系建设城市竞合

为评价城市社会信用体系建设综合情况，国家公共信用信息中心依托全国信用信息共享平台，运用大数据监测技术对全国36个省会及副省级以上城市、261个地级市、383个县级市信用状况开展动态监测分析。从全国省会及副省级以上城市综合信用指数变化情况来看，从2018年至2020年12月，最高的城市综合信用指数由86.91提升至89.10，呈上升趋势，显示出省会及副省级以上城市社会信用体系建设最优水平有所提升。从全国省会及副省级以上城市综合信用指数前20名城市来看，2018年仅有4个城市综合信用指数超过86，而2020年度前20名城市均高于87，整体水平显著提升，你追我赶态势愈加明显[①]。在各地社会信用信息体系逐渐完善的基础上，按照加快建设全国统一大市场的发展要求，信用信息网络全国互联互通和推进区域信用合作成为必然趋势。《中共中央、国务院关于加快建设全国统一大市场的意见》明确，要结合区域协调发展战略，优先推进区域协作，优先开展区域市场一体化建设工作。完善的社会信用体系是建设全国统一大市场的基础，区域信用合作是推动区域一体化发展的重要组成部分。从我国城市群的信用区域合作来看，京津冀三地于2015年开始开展信用协同工作，并于2020年11月印发《京津冀全国守信联合激励试点建设方案（2020—2024年）》，北京市、天津市、河北省将共同开展京津冀守信联合激

---

① 资料来源：2018年数据来自于《中国城市信用状况监测评价报告（2019）》附表1。2020年数据来源于国家公共信用信息中心《城市信用监测月报》（2021年第1期）。

励示范区建设，形成对全国的辐射带动和先行示范作用；长三角地区是国家发展改革委批复同意的全国首个区域信用合作示范区，沪苏浙皖三省一市建成全国首个区域信用信息共享平台"信用长三角"，并聚焦重点领域陆续签署《长三角药品安全领域信用联动奖惩合作备忘录》《长三角区域食品安全领域严重违法生产经营者黑名单互认合作协议》《长三角旅行社综合信用评价指引（2021版）》等一系列区域信用合作协议，共同制定长三角区域信用合作年度工作计划，以区域信用合作加快推进长三角一体化发展再上新台阶。《重庆市社会信用体系建设"十四五"规划（2021—2025年）》已提出，推动成渝地区双城经济圈建设，社会信用体系协同建设理应走在前列、引领示范，从而更好支撑成渝地区产业、人才、资金等要素高效便捷流动。由此可见，进入社会信用体系建设高质量发展阶段，各地既要先行先试、争先创优，也要立足区域发展战略，深入推进区域信用共建、共治、共享。

四　成都社会信用体系建设高质量发展展望

信用是治理之基，也是发展之源。成都建设践行新发展理念的公园城市示范区，加快推动社会信用体系建设高质量发展，是成都作为首批全国社会信用体系建设示范城市的应有之义，是成都创建全国文明典范城市的必然要求，是成都建设践行新发展理念的公园城市示范区的重要内容。为进一步深入开展社会信用体系建设工作，成都市应重点从以下几个方面着力推进。

（一）强化制度保障，加快推进社会信用地方立法

积极配合推动四川省信用立法相关工作，立足城市发展需要加快研究启动成都市信用立法相关工作，深入研究论证地方社会信用立法中的关键、重大问题，将成都市行之有效、广受好评的经验做法在地方性法规中予以体现、固化，对信用方面的创新经验在成都全域进行复制推广并作出统一

制度安排，把城市社会信用体系建设全面纳入法治轨道，为保障各类主体合法权益提供更加坚实的法治保障。根据全国统一的公共信用信息基础目录和失信惩戒措施基础清单，在相关法律法规框架内，结合成都地方实际，参照国家层面的目录、清单制定程序，尽快更新完善全市的公共信用信息补充目录和失信惩戒措施补充清单，确保各领域各环节信用措施在法治轨道运行。

（二）升级信用基础设施，加强信用信息共享应用

按照社会信用体系建设相关要求，对标国内其他先进城市和地区相关信用信息化平台，完成成都市信用信息应用管理平台的建设，形成"一库一网五系统三体系"整体架构，支撑"N应用"，实现成都市信用信息的数据统一汇聚、应用统一支撑、服务统一提供、信用统一监测。依托成都市信用信息应用管理平台建设，拓展应用服务。建立健全信用信息归集应用机制，进一步畅通"双公示"数据报送路径，研究推动行政强制、行政确认、行政征收、行政给付、行政裁决、行政补偿、行政奖励和行政监督检查等其他行政行为信息数据公开与归集，不断提升信用信息归集共享质量；依法依规向金融机构提供信用信息查询等服务，加强公共信用信息同金融信息共享整合，更大力度推广基于信息共享和大数据开发利用的"信易贷"模式，强化交子金融"5+2"平台①"信易贷"功能，助力"蓉易贷"建设，以完善的信用信息基础数据库促进中小微企业全生命周期投融资服务体系建设，进一步推动信用融资服务和产品的创新与推广。

（三）完善信用建设长效机制，积极开展先行先试

深入推进政务诚信建设，优化政务诚信管理、监督与评价体系，充分

---

① 成都交子金融"5+2"平台，是以五大中小微企业融资服务平台和两大金融生态保障平台为核心的综合性投融资服务体系。五大投融资服务平台包括科创通、盈创动力、农贷通、天府融通、创富天府；两大金融生态保障平台包括成都地方金融监管平台和成都信用信息共享平台。

发挥政务诚信建设的表率、导向作用，以政务诚信示范引领全社会诚信建设，更好发挥政府组织协调和监督管理作用。持续建立健全信用承诺、信用评价、信用分级分类监管、信用激励惩戒、信用修复、异议处置等方面的机制建设、标准规范，持续完善成都市"1+2+3+N"市场主体全生命周期信用积分管理体系，在食品药品、工程建设、招标投标、安全生产、消防安全、医疗卫生、生态环保、价格、统计、财政性资金使用等重点领域积极推进信用分级分类监管，试点探索将双随机监管与信用分类管理深度融合，充分运用大数据等数字技术建立健全"早发现、早预警、早处置"的风险防范化解机制和跟踪监测预警机制，以信用风险为导向优化配置监管资源，不断提升监管精准性和有效性。进一步发挥社会信用体系建设示范城市引领示范作用，依据《成都建设践行新发展理念的公园城市示范区总体方案》等重大战略部署安排，聚焦厚植绿色生态本底、促进城市宜居宜业、健全现代治理体系等重点任务，积极探索开展信用信息共享、"信易+"惠民便企服务创新，大力推进信用新产品、新模式在政府治理和各类经济社会活动中的应用，及时总结推送"信用+"公园城市示范区建设的工作成效、创新举措、试点经验等，率先创造可复制可推广的典型做法和成功经验。

（四）支持专业信用服务机构发展，强化行业自律

支持信用服务机构在蓉依法依规开展征信、信用评级、信用担保、信用管理咨询培训等活动，立足市场需求提供多样化、定制化的信用产品和服务，为金融信贷、招标投标、商务合作等市场活动提供信用服务。鼓励政府资源向信用服务市场开放，支持信用服务机构对公共信用信息和市场信用信息等数据资源进行综合开发利用，为政府部门提供信用风险分析、监测和预警等方面的参考和依据。支持在行政管理和公共服务中更多推广、应用信用服务机构提供的信用报告，进而带动更多领域使用信用服务机构专业化服务，不断推动信用服务市场发展壮大。通过信用行业协会等组织，进一步完善信用服务相关标准、技术规范、管理规范，加强行业自律建设。进一步推动成都市信用行业自律登记工作，加强信用服务机构监督管理，建立健全信用服务机构及其从业人员信用记录机制和退出机制，引导信用服务机构规范有序发展，加快建立公共和市场信用服务机构共同发展、公益性服务和市场化服务互为支撑的信用服务体系。

（五）强化区域协同，探索推动成渝地区信用合作

按照《成渝地区双城经济圈建设规划纲要》要求，突出成都市作为中心城市之一在区域信用合作以及社会信用体系建设方面的标杆引领作用，在信用分级分类监管、信用修复、信用报告应等方面加快推动区域信用一体化建设，促进形成统一的区域信用政策法规制度和标准体系，加快推动实现区域内公共信用信息共享以及公共信用报告、信用评价结果区域互认机制。按照《关于推进信用同城化共建"信用都市圈"合作协议》内容，研究确立都市圈信用信息共享目录、共享方式、应用范围，制定四市统一的数据交换标准和统一的信用信息共享共用监管机制，率先推动成德眉资同城化信用信息共建共享。探索都市圈同步制定信用奖惩目录清单、措施清单并进行动态管理，探索共同制定信用报告格式规范，探索共同推进联合奖惩、建立信用报告共享互认机制，深入推进成德眉资"信用都市圈"建设落地见效，打造成德眉资同城化信用品牌。

（六）创新构建支撑配套体系，提升社会诚信环境

探索建立"建设推进有白皮书规范指引、建设问题有监测预警与通报、典型案例有汇编推荐、探索创新有对标参阅、发展评价有蓝皮书年度报告"的支撑配套体系，实时反映成都市社会信用体系建设现状与问题，落实信用建设业务规范与工作机制，推进信用场景应用与信用行业发展，加强实践探索的经验总结与推广应用，进一步提升社会信用体系建设整体水平。支持新闻媒体开展诚信宣传和舆论监督，鼓励社会公众积极参与各类诚信

建设活动，强化信用学科建设和信用人才培养，依托"信用中国（四川成都）"网站等渠道提升全市各类信用惠民利企产品和服务的社会知晓度，加快形成政府部门协同联动、行业组织自律管理、信用服务机构有序发展、社会大众广泛参与、新闻媒体宣传引导的共建共享格局，进一步营造更好的诚信环境，为成都创建全国文明典范城市凝聚信用力量。

Ⅱ 探索创新篇

近年来,我国社会信用体系建设工作步伐逐步加快,国家要求各地在稳步推行各项"规定动作"的基础上,也可积极根据社会信用体系创新探索的方向性要求,结合各地经济社会发展需要,先行尝试推动一些"自选动作",以期为全国社会信用体系建设工作探出新路、作出示范。成都作为全国首批社会信用体系建设示范城市,多年来在信用评价、信用监管、信用应用等方面进行了系列探索工作,积累了相关经验、取得了良好成效,一些优秀做法获得了国家、四川省级层面推广,发挥了引领作用。基于此,本篇根据当前我国社会信用体系建设工作中推进试点示范的有关要求,对成都市开展市场主体信用积分综合评价、构建"双随机、一公开"分级分类监管机制、打造"交子信用"和"科创通"应用平台、探索"1+N"行业信用评级模式、推动信用区域合作六个方面创新做法进行了呈现与分析,以期为各地推进信用创新工作提供启发与参考。

成都市开展市场主体信用积分综合评价的探索

成都市公共信用信息中心

摘　要：为推进社会信用体系建设和商事制度改革，构建以信用为基础的新型监管机制，四川省成都市依托市公共信用信息系统，建成市场主体信用积分管理平台，在全国率先探索构建了"静态信用评价＋动态风险分析"信用评价模式，实施全覆盖、标准化、智能化的"定量＋定性"综合信用评价。平台每日自动生成市场主体信用评价和信用风险等级，支持各行业主管部门利用信用积分综合评价结果，建立行业信用评价模型，推动"基础＋行业"信用评价跨地域跨行业跨部门的融合、互补、协同应用，为事前审批、容缺受理，事中分级分类差异化监管、"双随机、一公开"监管，事后行业评价、辅助决策、分类指导等提供信用依据和施策靶向。

关键词：信用积分　信用评价　信用风险

四川省成都市深入开展公共信用综合评价，充分发挥信用在创新监管机制、提高监管效能的基础性作用，依托市公共信用信息系统建设成都市市场主体信用积分管理平台（以下简称"积分管理平台"），在全国率先建立全覆盖、标准化、智能化的"静态信用评价＋动态风险分析"信用综合评价模式，为信用监管提供精准依据，有效提升监管的科学性、精准性、有效性。"1＋2＋3＋N信用综合评价新体系"入选2020年四川省深化"放管服"改革优化营商环境工作典型做法。

成都市社会信用体系建设发展报告（2022）

一 工作开展背景

国务院办公厅先后发布《关于加强和规范事中事后监管的指导意见》（国发〔2019〕18号）、《关于加快推进社会信用体系建设构建以信用为基础的新型监管机制的指导意见》（国办发〔2019〕35号），明确构建以信用为基础的新型监管机制，依法整合各类信用信息，对市场主体开展全覆盖、标准化、公益性的公共信用综合评价，以公共信用综合评价结果、行业信用评价结果等为依据，对监管对象进行分级分类，根据信用等级高低采取差异化的监管措施。《中共成都市委　成都市人民政府　关于创新要素供给培育产业生态提升国家中心城市产业能级若干政策措施的意见》（成委发〔2017〕23号）、《中共成都市委办公厅　成都市人民政府办公厅　关于印发成都自贸试验区2017年工作要点的通知》（成委厅〔2017〕67号）和《中共成都市委办公厅　成都市人民政府办公厅　关于印发成都市全面深化国际化营商环境建设实施方案的通知》（成委厅〔2020〕87号）将"建立企业信用积分体系"和"建立市场主体信用积分管理制度"作为市场监管治理创新任务的重要内容。按照市政府工作要求，成都市市场监督管理局负责牵头建设积分管理平台，在市社会信用体系建设领导小组办公室统筹协调下，全市36个单位共同制定信用积分评价指标和规则。积分管理平台于2019年10月全面上线运行，实现全域成都市场主体公共信用信息采集全覆盖，信用积分评价和信用风险分析全覆盖，重点行业领域信用积分评价全覆盖。

二 主要做法

（一）以需求为导向，深挖公共信用信息数据价值

充分应用成都市公共信用信息系统归集的全市56个部门（单位）法人

基础信息、行政许可、行政处罚、信用监管、司法和公用事业缴费等多类公共信用信息，运用大数据、人工智能等技术，充分挖掘市公共信用信息系统、市政务信息资源共享平台等信息化系统市场主体信用数据的广度深度。以统一社会信用代码为标识整合分散在各行业主管部门的碎片化、条块化信用信息数据，融合行业风险监测、司法诉讼等关联性风险信息，积分管理平台"定性＋定量"形成市场主体信用积分记录，"信用＋风险"开展信用状况全维度分析。

（二）以一体化为导向，精准分析市场主体信用状况

积分管理平台搭建静态信用积分计算和动态信用风险分析双模型，建立积分评价规则、信用风险规则和综合评价管理三项清单制度，支撑信用积分评价、风险分级、风险预警、积分报告查询等"N"项功能应用，组合形成"1＋2＋3＋N"信用评价体系。采用 AHP 层次分析法，集成逻辑回归、随机森林、风险矩阵等机器学习模型，信用积分评价以 1000 分为初始分，量化计算市场主体基础、行为、关联信息三类指标，依据积分高低将信用等级划分为四等六级。信用风险从基础属性、监管信息、经营信息、关联信息、数据监测五个维度，计算信用风险概率，并划分为低风险、一般风险、中风险、高风险四级。

（三）以信用应用为导向，高效联动开展综合性信用评价

统一信用信息采集范围、评价指标、评价规则、计算方式，明确每项指标加分、扣分、积分衰减、分值修复规则，协同 36 个市级部门共同制定信用评价指标 1490 项、信用风险指数指标 117 项，建立信用积分评价指标和规则管理库。平台每日自动生成 350 余万户市场主体信用评价结果和风险等级，动态分析主体、行业、区域信用变化情况，建立信用异动、严重违法失信、行政处罚频率较高的失信风险预警清单，为职能部门开展分级分类监管和制定相关政策提供参考依据。

（四）以信用共享为导向，着力提升监管服务精准化水平

积分管理平台与市公共信用信息系统、市"蓉易享"系统、市场主体智慧监管等政府信息化平台互联互通，为信用A级以上、风险低的市场主体简化办事程序、优先办理审批、容缺受理，为各部门提供积分查询报告、风险预警等应用。同时，数据资源管理器实时分析36个市级部门（单位）的信用数据采集、规则指标触发情况，建立从数据采集、信用评价、监管应用、信息反馈、数据治理的全闭环管理机制，不断提升市公共信用信息数据的治理和应用能力。

三 主要创新

（一）统一"定量+定性"信用评价标尺

建立全市统一的市场主体信用积分评价管理平台，协同36个市级部门全面系统梳理市场主体信用信息，制定信用积分评价三项制度清单，统一设定指标、统一分配权重、统一评价规则、统一积分管理，建立指标设置、评价细则、平台保障、管理制度全方位支撑体系，实现市场主体信用评价标尺化、规范化管理，实现市场主体信用积分可解读、可溯源。

（二）全维度"信用+风险"分析新模式

静态信用评价模型自动计算主体信用积分，生成四等六级信用等级，客观反映市场主体实时的信用状态。动态信用风险分析模型在规则信用积分基础上，增加采集投诉举报、合同履约、舆情和行业风险监测等数据，综合分析市场主体失信风险概率。信用积分评价和风险分析结果相互校验、相互补充，实现"信用+风险"多维度精准反映主体信用状况和信用变化趋势。

(三) 促进"公共+行业"信用评价新融合

推动公共信用综合评价与行业信用评价深度融合、互补，在统一信用积分评价指标及加（扣）分规则范围内，各成员单位可调整本部门积分评价指标及分值权重，确保本行业重要信用信息和行业评价指标融入信用积分评价体系，保证部门评价权重设置的客观性、合理性。以公共信用综合评价为基础，各行业主管部门可结合本行业监管需求和风险特征，建立完善行业信用评价模型，实现跨地域、跨行业、跨部门的协同应用。

(四) 拓展"信用+共享"综合监管新路径

积分管理平台将信用积分等级、行业区域信用风险指数、信用预警清单等信息向市场监管领域各部门全面开放共享，以信用为纽带，各职能部门可结合行业监管要求，采取差异化的分级分类监管措施，为部门单一管理向多部门综合监管、协同监管提供施策靶向。

(五) 发挥"信用+新技术"组合新优势

应用大数据、人工智能等新技术，围绕成都市建圈强链等产业发展需求，探索分析区域和产业链整体信用状况，动态反映主体、行业、区域的信用风险变化趋势，跟进信用政策对市场主体的影响情况，以"信用+新技术"组合驱动为引擎，充分发挥信用新要素作用，为政府部门合理配置监管资源，为市场主体精准提供服务引导，为持续优化营商环境提供新动力。

四 实践效果

(一) 加快信用共享赋能

截至2022年6月底，积分管理平台共采集2.82亿条信用数据，每日自

动更新生成350余万户市场主体信用积分评价和信用风险等级，向市场主体智慧监管平台、市场监管融慧平台、"蓉易享"等平台共享交换4848万条数据，推送失信预警信息4.8万条，推动了静态信用评价和动态风险管理的综合应用。2021年在其应用于"双随机"分级分类检查后，问题发现率提高了20个百分点。

（二）提升分级分类监管效能

支持各职能部门将信用积分综合评价作为基础性依据，综合不同领域监管特点、风险程度和行业信用评价，分类确定监管内容、方式和频次，对监管对象采取差异化的监管措施，实施信用分级分类监管，提升监管的科学性、精准性、有效性。

（三）提高协同综合监管水平

积分管理平台将信用积分等级、行业区域信用风险指数、信用预警清单等信息向市场监管领域各部门全面开放共享，融入"双随机、一公开"、重点行业监管、惠企政策资金类补贴等业务环节，推动部门单一管理向多部门综合监管、协同监管。

（四）助力营商环境优化

市场主体信用积分评价新模式已融入成都市营商环境31个领域诚信建设，量身匹配惠企纾困政策措施，提升融资信用服务效能，促进企业自治、行业自律、社会监督、政府监管。

五 下一步工作展望

（一）加强信用信息归集，提升整合信用信息资源质量

加快推进区域信用信息归集共享，充分应用成德眉资、成渝公共信用

信息，进一步梳理整合信用中国、国家企业信用信息公示系统和全国12315平台、市12345等平台归集的市场主体的信用信息，以及行业信用风险监测及大数据分析、行业协会和第三方信用服务机构等相关市场主体的信用评价信息，持续优化积分管理平台评价指标和规则，提升信用信息数据和信用积分综合评价质量。

（二）加快积分平台升级拓展，提升信用评价应用创新能力

以需求为牵引，在完善优化积分管理平台功能基础上，进一步拓展在社会关注的重点热点领域和行业的静态规则信用积分评价、动态信用风险分析，为事前审批、事中分级分类差异化监管、事后分类指导等应用场景推出多样化个性化特性化信用产品，为职能部门提供高质量信用信息服务。

（三）加大信用积分推广应用力度，提升服务信用监管水平

加强积分管理平台与国家公共信用信息数据库，省公共信用信息系统，市"蓉易享"、市场主体智慧监管、"交子信用"应用平台等信息化平台的互联互通和关联融合应用，推动信用积分综合评价结果在事前审批、容缺受理、分级分类监管、"双随机、一公开"等业务深入应用，嵌入"蓉易享"、"一网通办"、政策找企业等惠企应用场景，进一步提升信用管理效能。

成都市构建"双随机、一公开"分级分类监管机制的探索

成都市市场监督管理局

摘 要：《国务院办公厅关于加快推进社会信用体系建设 构建以信用为基础的新型监管机制的指导意见》（国办发〔2019〕35号）要求，大力推进信用分级分类监管，"双随机、一公开"监管要与信用等级相结合。成都市市场监管局认真贯彻落实深化"放管服"改革系列决策部署，以"放出活力、管出公平、服出效率"为基本遵循，通过创新一套规范、打造两个平台、开展三项探索，率先构建"双随机、一公开"分级分类监管机制，有效提升市场综合监管效能。下一步，成都市将持续坚持四项创新，不断健全以信用为基础的"双随机、一公开"分级分类监管机制。

关键词："双随机、一公开" 分级分类监管 信用监管

近年来，成都市市场监管局认真贯彻落实党中央国务院、省委省政府深化"放管服"改革的决策部署和市委市政府有关工作安排，以"放出活力、管出公平、服出效率"为基本遵循，准确识变、主动求变、科学应变，深入实施双随机分级分类监管，推动分类监管"筑体系"、智慧监管"优效能"、风险防控"抢先手"，全面提升市场综合监管效能。双随机监管创新被列入四川省2021年营商环境指标提升行动经验做法（第一批）复制推广。

一 创新一套规范，分类监管"成体系"

出台《成都市人民政府关于在全市市场监管领域全面推行部门联合"双随机、一公开"监管的实施意见》等文件，建立健全分级分类监管机制，构建跨部门联合双随机监管工作规范体系，制定市场主体智慧监管标准，从制度机制层面推动市场监管"标准共通、数据共享、业务联动、智慧高效"。

（一）创新分级分类监管机制

制发《成都市市场监督管理局关于开展"双随机、一公开"分级分类监管的指导意见》，按照问题导向和目标导向，结合不同领域检查对象的属性和特点，采取"通用+专用"的方式综合确定双随机分级分类监管指标，动态评估企业信用水平，综合研判监管风险，科学界定分级分类抽查标准，有针对性地调配监管执法资源实施差异化监管、精准监管和靶向监管，开展抽查检查数据梳理2万余批次，优化完善80余项指标体系，形成分析研判、双随机抽查、后续处置、回溯分析的综合监管工作闭环，推动构建全市统一的双随机分级分类监管工作体系。

（二）健全联合抽查制度规范

制发《成都市市场监管领域部门联合"双随机、一公开"抽查事项清单（2022版）》《成都市市场监管领域部门联合"双随机、一公开"抽查事项实施清单（2022版）》和《成都市市场监管领域部门联合"双随机、一公开"检查工作指引（第二版）》，创新推出联合抽查"事项清单"+"实施清单"，率先出台联合抽查"工作细则"+"工作指引"，构建以"62个联合抽查事项为核心、28个部门分解的323个实施事项清单为支撑、96类事项检查工作指引为标准、2000余个检查对象名录库为着力点"的联合双随机抽查规范体系，形成目标明确、责权清晰、流程统一、标准规范、可复制推广的跨部门、跨层级双随机监管的"成都模式"。2021年，全市按照统一的标准规范制定48个市级联合抽查计划，推进实施501项联合抽查工作方案，涉及各类检查对象 8370 户，联合双随机监管领域和范围进一步扩大（见图1）。

图1　成都市市场主体智慧监管平台——"双随机"抽查情况统计分析

（三）首创智慧监管地方标准

按照"有标贯标、无标订标"的原则，在全国率先编制成都市市场主体智慧监管《成都市市场主体智慧监管　业务流程规范》《成都市市场主体智慧监管　数据规范》《成都市市场主体智慧监管　数据交换接口》三项地方标准（见图2），系统梳理各环节监管业务标准，形成全市联合双随机监管、失信联合惩戒、风险监测预警等八大"业务流程"规范，形成464条数据格式规范和跨平台信息共享数据接口标准，推动市场监管各业务条线标准共通、数据共享、业务联动、智慧高效，首次实现了"监管业务标准"与"数据技术标准"融合共建，为在市场监管领域探索建立完善"监管流程统一、监管数据规范、数据接口畅通"的市场监管体系，提供了"成都样本"。

图2　成都市市场主体智慧监管三项地方标准

二 打造两个平台，智慧监管"优效能"

构建成都市市场主体智慧监管平台和成都市市场主体信用积分管理平台，构成集数据融合、数据分析和监管运用于一体的"1+3+N"信息化载体，形成了信用风险监测预警体系，为"智慧+双随机"监管提供了有力的信息化支撑。

（一）打造智慧监管平台

依托成都市电子政务云与国家企业信用信息公示系统、信用中国、成都市法人信息库、成都市中级人民法院执行系统等共享数据资源，截至2021年12月31日，以统一社会信用代码为关联码，已为300余万户市场主体汇集企业全生命周期的登记、审批、监管、执法、司法等1.74亿条信息，形成了市场主体发展历程时光轴，建成了涵盖行政许可、行政处罚、投诉举报等38大项信息在内的企业多维画像和全息档案，通过数据挖掘手段建成了企业族谱关系网和企业数字地图（见图3），深化了地理信息与监管数据融合应用，进一步推动了部门监管信息由物理整合向化学融合转变，为市场监管走向协同化、精细化监管奠定了基础。

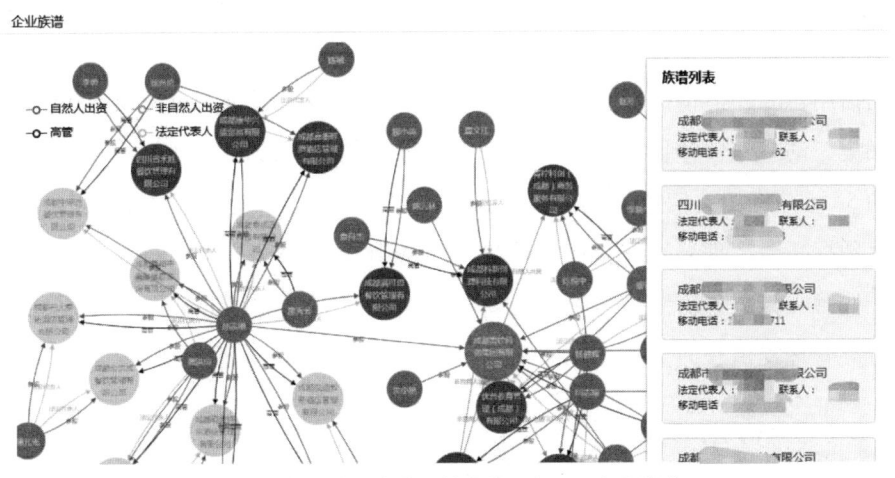

图3 成都市市场主体智慧监管平台——企业族谱

成都市社会信用体系建设发展报告（2022）

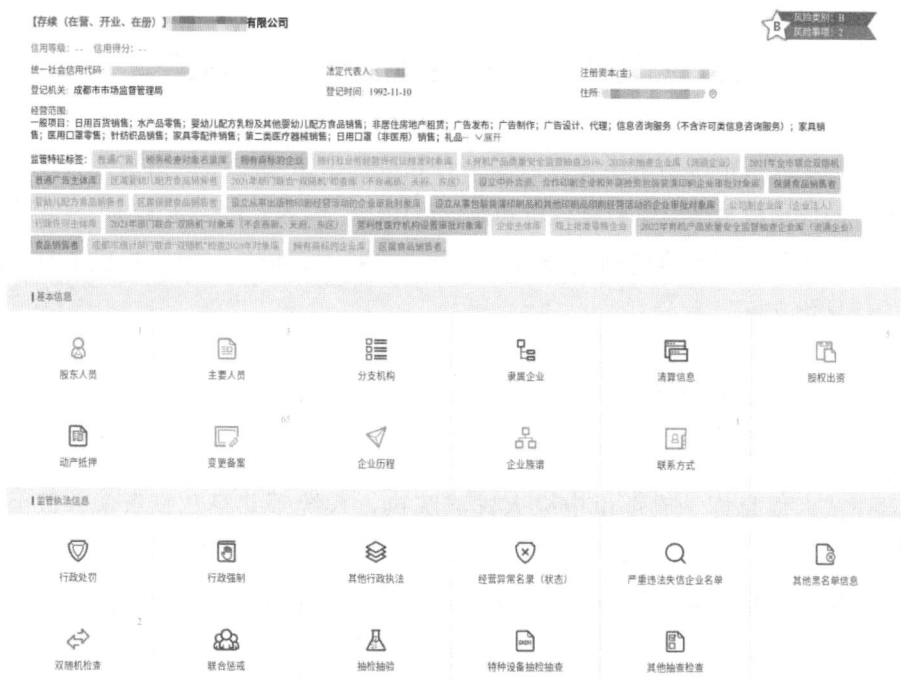

图4　成都市市场主体智慧监管平台——企业全息档案

（二）建成信用积分平台

制定出台《成都市市场主体信用积分综合评价管理办法（试行）》，建立信用积分管理平台，全市38个成员单位共同制定各行业领域、各监管部门信用积分评估指标和规则549项，实现300余万个市场主体信用信息自动归集，动态综合评价市场主体的信用积分、信用等级和信用风险水平（见图5），并将相关信息通过智慧监管平台与各部门共享运用。集成质量监督大数据平台、食品生产企业风险量化等级分析平台等信息，进一步丰富市场监管大数据分析维度，拓展监管风险动态评估的参考指标，为信用风险分类管理提供有力支撑（见图6）。

（三）构建预警监测体系

依托智慧监管平台和信用积分管理平台，开展风险分析，建成"概

成都市构建"双随机、一公开"分级分类监管机制的探索

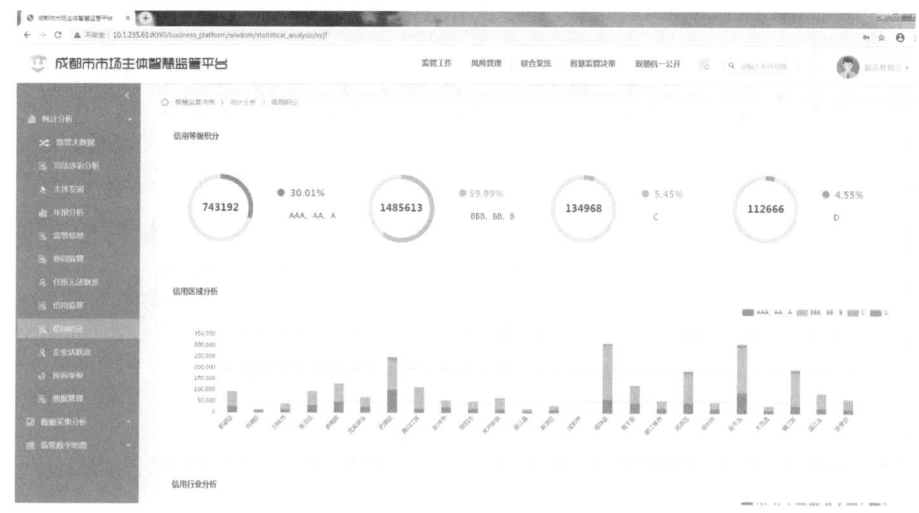

图5 成都市市场主体智慧监管平台——信用积分

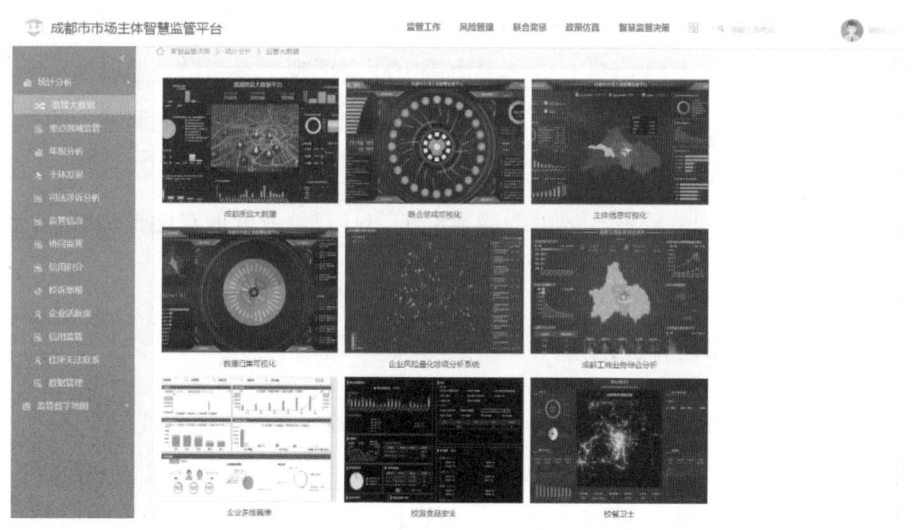

图6 成都市市场主体智慧监管平台——监管大数据

率+后果"企业风险分类指标模型，综合研判企业多维画像和全息档案等信息，建成"登记事项、行政审批、投诉举报、司法涉诉、食品安全、重点区域业态"六大领域风险预警模块，为开展监管风险评估、高效运用监管力量提供了信息化支撑。动态配置"通用+专用"观测指标，实现企业地址异常等12类风险分析和预警。

三 开展三项探索，风险防控"抢先手"

依托智慧监管平台等信息系统，实施风险监测，全面推进双随机分级分类抽查，持续回溯分析抽查检查结果数据，研判风险分类指标模型运用效果，持续优化模型算法，对模型开展动态调校，研究双随机监管重点，形成双随机分级分类监管工作闭环。

（一）构筑精准监管闭环

开展双随机分级分类抽查检查数据回溯，对3万余条随机抽查数据进行摸排分析，研究双随机监管重点，研判典型监管问题的量化特征，评估风险分类指标模型运用效果，持续优化调整模型算法；围绕基本信息、经营能力、履约历史、监管信息、成长潜力等100余项观测点，结合监管实际反馈情况运用数据回溯分析结果，对风险模型参数进行动态优化调整，形成双随机分级分类监管工作管理闭环。在2020年度"红盾春雷"活动中，对春熙路商圈信用积分较低、风险等级较高的260户企业开展双随机抽查，风险问题抽查精准率提升至93.4%。

（二）全面推进分类抽查

统筹印发实施成都市市场监督管理局《成都市市场监督管理局2022年度"双随机、一公开"分类分级抽查工作方案》，将"双随机、一公开"监管与信用风险分类结果深度融合，涵盖14个业务条线。结合信用风险评估结果，精准锁定重点监管对象，形成风险触发式的靶向检查对象库2000余个，覆盖300余万个市场主体、非市场主体和行为客体。2020—2021年，全市开展双随机分级分类监管，与一般定向双随机抽查方式相比，分级分类抽查对"低信用+高风险"对象的精准监管能力大幅提升，进一步实现对信用好、风险低的企业"无事不扰"，对信用差、风险高的企业"利剑高悬"。

（三）实施多维风险监测

在日常监管领域，主动向省局争取全省双随机分级分类监管工作试点，对商事制度改革后企业地址异常、认缴实缴资本异常、集群注册预警企业等各个领域加大双随机抽查检查力度。在重点监管领域，进一步优化升级智慧监管平台"风险预警监测"模块，结合食品药品、医疗器械、特种设备、重要工业产品等"四大安全"领域监管特征，结合平台已有的信用积分模块，制定"通用+专业""历史+未来"的企业信用风险分类标准，累计提供企业风险预警信息18万余条，对风险等级高、信用积分低的企业加大抽查比例和频次，有效破解监管难题，防范"灰犀牛""黑天鹅"事件发生。

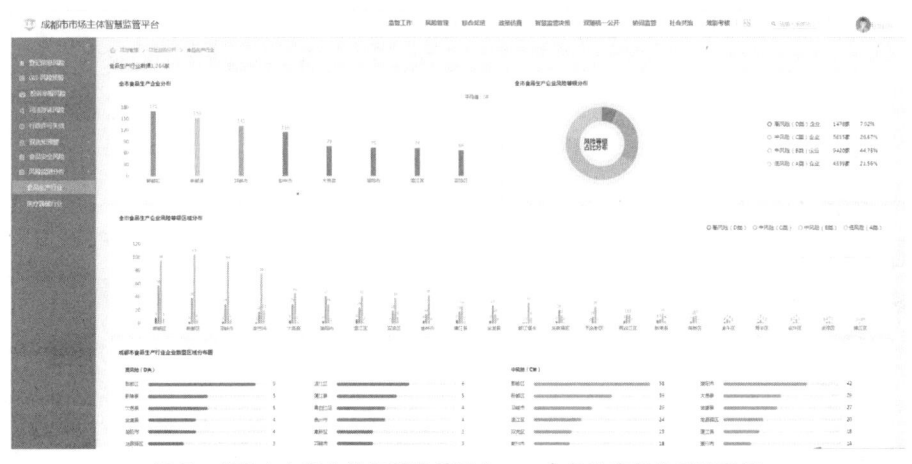

图7　成都市市场主体智慧监管平台——食品生产行业风险监测

四　持续四项创新，有效监管"再突破"

立足制度规范、风险监测和分类抽查试点探索成果，持续推进企业信用分类管理、触发式双随机监管、成德眉资双随机监管同城化、市场监管"三张清单"四项创新，推动信用分类可量化、监管响应敏捷化、区域合作标准化、涉企监管清单化。

（一）锚定智慧监管，进一步加强企业信用分类管理能力

依托成都市市场主体智慧监管平台，深入开展双随机监管数据回溯分析，研究双随机监管重点，研判信用风险分类评估模型的应用效果，持续优化完善评估模型指标，将企业风险划分为低风险（A类）、中风险（B、C类）和高风险（D类），以食品、药品、特种设备、重要工业产品四大安全领域为首批试点，建立信用监管风险监测"通用+专业"复式模型，从主体、行业、区域三个层面开展风险监测，结合企业信用评估情况，按不同的行业领域和监管部门业务条线，分级分类建立检查对象库2000余个，覆盖全市市场主体300余万户、非市场主体7721个、行为客体34857个（见图8）。

图8 成都市市场主体智慧监管平台——重点领域监管

（二）探索触发式监管，构建基于风险、事件快速响应的"敏捷"型监管机制

打造"风险研判—大数据监测—监管响应—回溯分析—优化完善"的触发式监管闭环，结合不同业态、不同生命周期市场主体的监管实际，梳理触发式双随机监管试点清单5类14项52条，依托信息化系统实时监测监管风险点，动态响应风险触发预警，精准运用监管力量和资源，提高低风

险企业移动监管和远程监管比例,综合运用大数据监测等方式加强市场主体跟踪预警,通过"智慧赋能"增强政府监管敏感度,推动形成高效运转的自适应式监管系统,2020—2021年在特定领域试点中,与一般抽查方式相比,精准抽查水平平均提升近40个百分点。

图9 成都市市场主体智慧监管平台——主体风险预警

(三)推动区域合作,提升成德眉资市场监管同城化水平

在四川省市场监督管理局统筹支持下,建立跨区域信用监管合作机制,健全信用风险分类指标体系,将成都、德阳、资阳等地纳入企业信用风险分类管理系统试点地区,梳理《成德眉资四地信用监管数据共享清单》,编制《2022年度推进成德眉资信用监管同城化工作方案》,统一双随机分级分类监管标准规范,推动成德眉资市场主体信用信息共享、风险预警互通,推动企业信用风险分类结果与双随机监管有机结合,助力提升区域信用水平和城市信用品质。

(四)深化"互联网+监管",制定市场监管领域"三张清单"

贯彻落实党中央国务院、省委省政府"互联网+监管"工作部署,结合"互联网+监管"事项目录,会同市司法局等市级部门共同制定统一的《成都市2021年度涉企监管事项清单》《成都市2021年度涉企"双随机、一公开"监管事项清单》《成都市2021年度涉企重点监管事项清单》,共涉

及相关监管事项637个。"三张清单"对重复事项进行清理合并，严格控制重点监管事项清单数量，对未列入清单的，除上级部署、投诉举报、突发事件等情形外，不得随意检查，进一步推动监管工作全局"一盘棋"，大幅提升政府部门监管的标准化、规范化水平。

图10 成都市涉企监管事项清单、"双随机、一公开"监管抽查事项清单和重点监管事项清单

成都市打造"交子分"推动信用惠民的探索

成都金控征信有限公司

摘　要： 近年来，我国高度重视社会信用体系建设工作，各地逐步形成了政府多部门协同推进、市场化征信机构参与共建的态势。随着信用体系建设工作从顶层设计逐一落地到城市信用监测、多领域信用应用扩展、行业信用分类监管等纵横联动体系的建成，我国社会信用体系建设将进一步实现"信用+"模式全覆盖。在此背景下，为充分发挥成都作为首批全国社会信用体系建设示范城市的引领优势，成都市创新打造"交子分"、建设"交子信用"应用平台，以信用服务平台为载体，实现信用赋能、信用惠民，促进全社会形成诚实守信的良好风气。

关键词： 个人诚信　信易+　信用惠民

一　工作开展背景

（一）社会信用体系建设规划纲要发布，各城市信用分相继推出

2014年，《国务院关于印发社会信用体系建设规划纲要（2014—2020年）的通知》（国发〔2014〕21号）的发布标志着信用体系建设工作已上升为国家战略。在此背景下，采用科学合理的评价指标对个人信用进行量

化评分获得个人的社会信用等级,并将其场景化应用于社会生活中的方方面面,已经成为越来越多城市推进社会信用体系建设的重要探索实践。[①] 目前杭州"钱江分"、厦门"白鹭分"、苏州"桂花分"、福州"茉莉分"、威海"海贝分"、郑州"商鼎分"等城市个人信用分陆续推出,在引导市民关注日常信用行为,维护个人社会信用水平,推动诚信社会建设中起到了积极作用。

2022年3月,中共中央办公厅、国务院办公厅印发了《关于推进社会信用体系建设高质量发展促进形成新发展格局的意见》,明确了社会信用体系建设是培育和践行社会主义核心价值观的重要内容,是资源优化配置的坚实基础,是完善社会主义市场经济体制的重要基础。同时,提出了信用建设服务于民生保障的新要求。具体包括,要求打造诚信消费的投资环境,鼓励探索运用信用手段释放消费潜力,在医疗、养老、家政、旅游、购物等领域实施"信用+"工程,这为城市进一步推动信用应用工作提供了方向指引。

(二)成都市发挥示范城市引领示范作用,创新打造"交子分"

2015年8月,国家发展改革委和中国人民银行联合发文将成都市、沈阳市、青岛市、南京市、无锡市、宿迁市、杭州市、温州市、义乌市、合肥市、芜湖市11个城市列入首批全国创建社会信用体系建设示范城市,要求创建城市积极用改革创新的办法推进信用建设,以创建社会信用体系建设示范城市为重要机遇,务实开展示范创建工作,进而助力我国社会信用体系建设的全面开展。

个人诚信体系建设是社会信用体系建设的重要组成部分,为弘扬诚信传统美德,增强社会成员诚信意识,褒扬诚信,惩戒失信,营造优良的信用环境,助推国际化营商环境标杆城市建设,加快建设全面体现新发展理

---

① 李为国、董自光:"刍论城市信用分的创新实践与优化对策——基于钱江分的调查研究",《商讯》,2022年1月5日。

念的城市，2019年《成都市人民政府办公厅关于印发成都市加强个人诚信体系建设实施方案的通知》（成办发〔2019〕4号），明确要夯实信用基础设施建设，扎实推进个人公共信用信息数据归集，创新打造"交子信用"应用平台及"交子分"评价体系作为成都市个人诚信体系建设重要抓手，构建市民信用应用生态圈新模式，推进社会信用体系建设进一步发展，在全社会营造良好的诚实守信氛围。

二 工作主要内容

按照"统一平台、多维应用、开放共享"的思路，建立以"交子分"为核心，深度串联融合多层次应用场景的综合信用惠民应用平台——"交子信用"应用平台。该平台以移动端应用为入口，以"守信激励，信用惠民"为服务宗旨，基于个人信用分评价体系，为诚实守信者提供"信易查""信易惠""信易融"等惠民应用服务，引导市民关注自身信用，使用信用产品，受惠信用红利，营造诚实守信的良好社会风气。

（一）归集公共信用信息数据，夯实信用应用基础

以数据来源合法性为基础，平台运营公司与数据主管部门共同探索建立"双授权"机制的数据运营服务模式，一方面获得数据源单位授权，另一方面基于"交子信用"应用平台获得市民用户本人授权。目前，该平台已获得成都市市场监管局、市司法局、市人社局、市文广旅、市卫健委、市公积金中心等18个部门共72项数据的授权，在成都市政务云环境中建立"交子信用"模型，保障个人数据安全。

（二）科学构建"交子分"评价体系，增强信用评分合理性

以数据评价科学性为前提，"交子分"评价体系采用"信用基础分+场景分"的评分模式构建。其中，"信用基础分"是以成都市网络理政办下属"公民信息管理系统"为核心数据源，通过构建个人信用评分模型，对个人公共诚信水平进行综合评分。"场景分"是汇集"公民信息管理系统"场景相关数据，结合市民商业、旅游、政务办理、社区生活等特定场景的信用行为数据为基础，针对应用场景，定制化设计的附加分，该分数依据失信守信情况，进行动态调整。

基础分为两级指标体系设计，总分1000分，由4个一级指标以及13个下属的二级指标共同组成。二级指标由60张原始数据表中的837个字段加工生成，总共覆盖包含成都市23个区（市）县常住人口。指标体系中的一级指标由二级指标线性加成而得，二级指标由原始字段及其统计结果加工而成。整个"交子分"基本指标结构如图1所示。

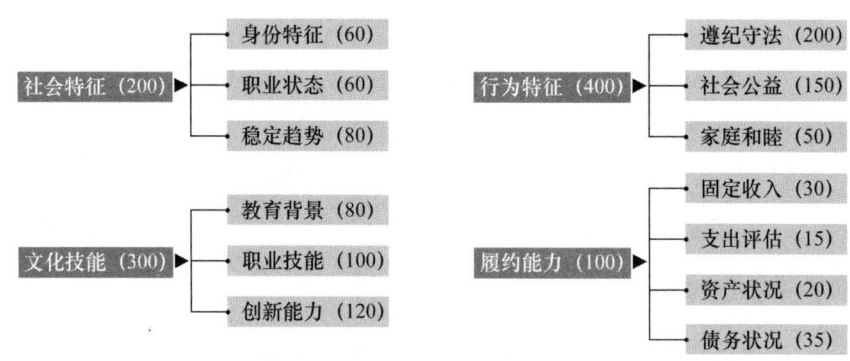

图1 "交子分"指标体系

整个指标体系基于评分卡的模式创建，其中指标权重以及原始字段特征的重要性先期由专家设定。通过进一步调研和探查数据，后续将结合AHP层次分析法和探索性因子分析，将对权重和重要性进行进一步调整优化。

（三）搭建信用应用平台，打造惠民服务生态圈

"交子信用"应用平台目前已建成官方网站、移动端App（见图2）、微信公众号H5三个应用载体。前端涵盖"个人信用管理""信易查""信易+""信易惠""信易融"五大功能，后端按管理权限提供数据管理、订单管理、用户管理、信息发布和数据统计等差异化的管理功能。

成都市打造"交子分"推动信用惠民的探索

图2 "交子信用"App首页及"交子分"功能页面

1. "个人信用管理"

包括"个人信息完善""信用分管理""平台活跃值兑换"等功能，通过自主参与个人信用管理，提升个人信用分。一是通过"个人信息完善"功能，自主补充填写个人基础资料、信用行为等信息，从而完善个人信用信息，提升"信用基础分"，获取更多信用惠民服务。二是通过"信用分管理"功能，按照"交子个人信用分"评价标准，对不同场景下的"信用行为附加分"进行提升。例如，通过参与公益活动、修复失信行为等方式弥补提高"信用行为附加分"。三是通过"平台活跃值兑换"功能，按照平台活跃值兑换规则，将平台使用活跃值兑换为相应的激励服务和优惠券。

2. "信易查"

通过"统一入口、综合查询"的方式，为市民提供双公示信息、重点职业信息、行业信用、守信模范等22个维度的公开信用信息查询服务。"信易查"模块汇集了全市各行政职能部门的个人公共信用信息、守信模范信息、执业信用信息、行业监管信息等多维度信用数据，为市民提供统一、

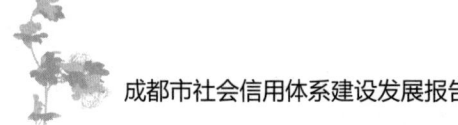

快捷、便利的多元化查询服务。此外,"信用地图"可实现信用服务机构网点精准定位、附近守信机构检索等。"信易查"功能全方位覆盖市民日常生活的食、住、行、工作等各方面信用查询需求,有效降低信息搜集成本,引导市民关注信用信息。

3. "信易+"

通过将成都市各区(市)县政务服务与信用数据相结合,打造惠民便企信用服务专区。例如,将智慧政务与社会信用体系建设相结合,为市民提供政务办理优先预约、绿色通道、容缺受理等便民服务的"信易批";将公共图书馆与信用相结合的"信易阅"。

4. "信易惠"

为市民在交通出行、便民生活、文化旅游等领域提供免收押金、信用优惠折扣等惠民服务,以信用带动生活消费。与交投智慧停车公司、成都汽车租赁协会、锦宏租车、携程旅行等机构合作,在出行服务、公共停车、文化旅游等领域为市民提供守信预约、押金减免、信用优惠等服务。此外,"交子信用"与市家政协会合作共建家政行业信用体系。通过平台用户可授权查询家政人员的"交子分"和信用档案,提升消费者与家政服务人员之间的信任,促进家政行业提高服务水平。信用将有效促进市民文明消费,商家诚信经营,在全社会营造诚实守信良好风气。

5. "信易贷"

"信易贷"目前与成都银行、成都农商行、建设银行、邮储银行、浙商银行等合作,为中小微企业、个体工商户提供信贷产品信息查询、在线申请、融资规划等线上便捷的普惠金融服务。"信易贷"板块将有效整合政府扶持政策、涉企信用信息、企业征信服务、企业融资需求、金融机构融资产品等资源,面向全市中小微企业提供"一站式"综合金融服务。

(四)开展主题信用活动,宣传诚实守信文化

依托"交子信用"应用平台开展"查交子分送乘车折扣卡""注册送防疫保险"等线上主题活动,吸引用户授权查询个人信用分,关注个人诚信

水平；在地铁站、大型商超、大学城等人流量大的公共场所开展线下信用知识宣传活动，引导市民珍惜个人信用，在日常生活中遵纪守法、坚持守信生活，积极参加社会公益活动，提高在社会中的信用值，积极营造诚实守信的社会环境。

三 工作成效

"交子信用"应用平台自2021年9月上线试运行以来，通过打牢数据基础、拓展应用场景、创新业务模式、信用监管赋能，不断推进成都市社会信用体系建设纵深发展，主要建设成果如下。

（一）广泛科学评价，实现"交子分"全覆盖

目前，"交子分"已覆盖成都市2119.2万常住人口，从社会特征、行为特征、文化技能和履约能力四个维度对个人诚信水平进行综合评价。从分布情况来看，"交子分"目前为整体偏左的类正态分布，覆盖人群广泛、评价维度全面、评价结果科学。另外，对于非成都市常住人口的用户，经过本人实名认证并授权，"交子分"评价系统将赋予一个基准分值，为实现城市间诚信分互通互认打下基础。同时，"交子分"评价体系具备较好的扩展兼容性，支持在"交子信用"应用平台根据应用场景需求进行定制化开发，为政务办理、社区治理等应用场景打造场景分。

（二）打造平台载体，实现应用场景多样化

"交子信用"应用平台已实现45个信用服务和15个信用应用场景搭建。在交通出行方面，"交子信用"应用平台与成都汽车租赁协会和公共停车场管理机构合作，在汽车租赁、公共停车为守信市民提供押金减免、信用优惠等服务；在生活服务应用场景，平台与成都市家政协会合作，"交子分"600分以上用户有机会享受信用优惠（见图3）；在文化旅游方面，平台与公共图书馆合作，"交子分"800分以上用户有机会延长图书借阅期限。

通过在公共服务、交通出行、城市活动、文化旅游等多样化应用场景中嵌入守信优惠折扣、优先预约、免收押金等服务，将"交子分"与市民日常生活服务深度融合，倡导市民更加注重个人信用，促进全社会形成诚实守信的良好风气。

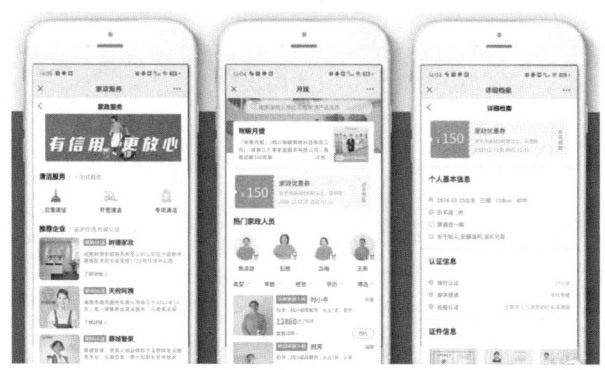

图3 "交子信用"App 诚信家政功能

例如，家住成都市高新区的张女士长期雇请钟点工打扫卫生，她对"交子信用"应用平台的"诚信家政"服务非常满意。她说："'交子信用'不仅让我们对请来服务的家政阿姨的个人基本情况、职业认证情况、服务记录都知根知底，还能够对比不同家政公司提供的服务，选择更多。同时我查询了我的交子分达到了 600 分以上，还能领取信用优惠券，享受信用红利。"

（三）促进服务创新，打造"信易批"业务模式

"交子信用"应用平台联合成都市成华区行政审批局智慧政务"优信办"系统，在全市率先探索"信用激励+政务服务"的"信易批"政务办理模式，实现了信用分高的办事主体在行政审批过程中手续简化、不见面自助现勘、材料容缺受理等多种信用服务，大幅缩减守信企业主和市民办事时间（见图4）。例如，成都市某汽车租赁有限公司负责人于 2022 年 3 月到成都市成华区政务服务中心办理网络预约出租汽车经营许可。此前，该事项必须进行现场勘验，才能完成审批。但在"优信办"推出后，通过授权查询"交子分"，窗口工作人员告诉该公司负责人分数达标，可以享受自助现

勘、绿色通道的信用服务。该公司负责人在线完成现勘并提交,在通过信用绿色通道的现勘审核后,当天就拿到了许可证,极大提高了办证效率。

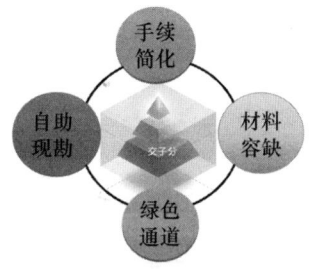

图4 "优信办"业务模式

此次创新模式助力成华区智慧政务"优信办"项目获评"2021年度第二届全国政务服务软实力数字化实践典型案例"。截至2022年5月24日,已有4029人通过平台信用办件5792件,产生信用记录6172条。

(四)信用监管赋能,助力虚拟货币整治

为有效防范处置虚拟货币"挖矿"活动带来的风险隐患,深入推进节能减排,助力实现碳达峰、碳中和目标,"交子信用"应用平台首创"信用+电子存证+电子签名"信用承诺业务模式,以信用监管助力在全市范围内推进不开展虚拟货币"挖矿"信用承诺活动。"交子信用"应用平台实现了用户手机移动端签署承诺书,主管部门在线统计分析、进程监测、实时决策等功能,替代了原纸质化签署承诺书统计汇总信息不便,极大提高了工作效率,并且通过实名认证技术,能够确保签署人身份信息,协助主管部门后续开展虚拟货币治理回头看相关工作。截至2022年5月13日,已有11万人在线签署了"不开展虚拟货币'挖矿'信用承诺书",在社会范围内形成了较好的宣传引导效果。

四 工作面临的挑战

一是"交子分"应用场景需进一步丰富,加强与政务服务、商业管理、

日常消费相结合,通过加大各类市民服务场景结合,引入吸引更为广泛的市民使用。"交子分"需在做好成都市本地信用惠民服务的同时,积极与德阳市、眉山市、资阳市等地信用分互联互通,共同打造成德眉资信用都市圈;加强与重庆市市民信用分合作,努力扩大城市信用服务生态圈和用户覆盖面,推动打造成渝双城信用分。

二是虽然诚信社会思想已深入人心,但市民对"交子分"个人诚信分认识度、接受度还有待提升,对个人信用概念不够清晰,还需积极发挥平台宣传作用,深入市民,广泛开展线上线下主体信用宣传活动,利用传统媒体和新媒体平台,共同助力营造诚实守信的良好氛围,为全面推进社会信用体系建设发挥积极作用。

五　工作展望

(一)探索分数跨省市互认共享

探索实现分数跨省市互认共享,助力成德眉资、成渝双城经济圈信用建设。成都金控征信公司将努力推动"交子分"在成德眉资四市形成共享互认机制,实现城市信用共享和守信联合激励,助力打造信用都市圈。同时,积极打造标准化、可复制的跨区域联合运营合作模式,与重庆市、杭州市、厦门市等城市合作,努力扩大城市信用惠民服务生态圈和用户覆盖面,争取在跨区域合作拓展和城市信用分互认互通领域迈上新台阶。推动建设"交子信用"应用平台,构筑成都市公共信用服务产业生态圈,探索实现分数跨省市互认共享,拓展诚信积分应用场景。

(二)重点打造"信易+"应用场景

下一步,"交子信用"应用平台将在市级各部门、各区(市)县的支持下,继续深耕城市个人诚信分领域,深入拓展更多信用惠民应用场景,持续完善信用便民生态圈建设,在社区治理、信用旅游、信用出行、信用消费等领域打造"信易+"信用惠民场景（见表1），通过守信激励，促进全社会形成诚实守信的良好风气，不断增强成都市民的获得感、幸福感和安全感。

表1　"交子信用"应用平台重点打造"信易+"应用场景清单

"信易+场景"	实现路径
"信易批"	在保护个人信息安全的前提下，将信用信息查询嵌入各级政府部门的审批流程，提升行政审批部门工作效率，让诚信主体享受优先办理、简化手续、容缺受理、"一网通办"等便捷审批服务措施，深入推进审批服务便民
"信易租"	对信用优良个人公租房、保障性住房的审核提供免押金服务，或给予一定程度的租金减免，同等条件诚信主体优先
	对信用优良个人图书租赁时提供免押金服务，或给予一定程度的租金减免、租期延长
"信易行"	联合成都市公共交通集团有限公司、成都轨道交通集团有限公司、成都天府通金融服务股份有限公司等，对信用良好的个人给予一定乘车费用折扣
	联合网约车服务平台，向信用良好的个人发放打车优惠券
"信易游"	联合博物馆、收费景区在线上或线下售票时，对信用良好的个人给予一定折扣或免票
	联合部分乡村民宿、酒店对信用良好的个人给予免收押金快捷入住服务、免查房快捷退房服务等
"信易购"	联合影院在线下售票时对信用良好的个人给予一定折扣
	联合部分超市、商户、商业街等，对信用良好的个人给予一定优惠，或发放信用消费券
其他	"信用+医疗""信用+停车""信用+生活缴费""信用+社区治理"

（三）重点职业人群信用监管，助力行业信用体系建设

"交子信用"应用平台将开展重点职业人群信用监管，助力行业信用体系建设。以重点领域、重点人群为突破口，以职业信用档案、职业信用承诺为抓手，归集法定代表人、律师、教师、医美从业人员、家政从业人员等多类重点人群信用信息。同时，平台将为各职业领域人群赋予不同类型的交子荣誉勋章，促进市民的参与感、获得感和荣誉感。重点职业人群信

用承诺有助于实现职业信用和行业信用的相互促进、高度融合，夯实职业信用发展的诚信基础，助推成都市个人诚信体系建设。

（四）数字人民币应用场景搭建，助力乡村振兴

发挥成都市数字人民币试点示范作用，建立以"交子信用"应用平台为依托的数字人民币创新应用场景，实现数字人民币在农产品供应链、农产品集采集配等场景的应用，降低农产品供应链上下游企业交易成本，扩大数字人民币应用场景，促进乡村振兴发展。

成都市打造"科创通"平台
实现信用利企的探索

成都市科学技术局

摘　要："科创通"——成都创新创业服务平台（简称"科创通"平台）运用数据手段，聚集全市科技创新要素资源，采用"线上平台+线下服务"的融合服务方式，面向创新创业团队、创新创业企业、创新创业服务机构、创新创业载体四类主体，将成都全市科技创新生态链条上的人才、企业、高校、科研机构、资本等创新资源有效串联。平台以科技金融为特色，重点打造"科创贷""科创投"等以"助力企业增信、支持企业发展"为目的的科技金融服务产品，为成都全市科技企业（团队）提供从项目技术到载体平台、从资金设备到智力支撑的全方位、全流程、全生命周期的专业化、精准化服务，被誉为"双创"版"天猫商城"。截至2021年底，"科创通"平台已累计帮助2382家企业获得6024笔，157.38亿元纯信用贷款。

关键词："科创通"科技金融　信用贷款　增信增贷

为贯彻落实习近平总书记关于实施创新驱动发展战略，增强金融服务实体经济能力的决策部署，成都市科学技术局充分发挥"科创通"平台的科技金融特色服务能力，不断深化科技金融创新，针对科技型中小企业高技术、高风险、轻资产、无抵押物的特征，积极创新财政科技投入方式，将传统单一的"财政无偿拨款"创新转变为"投、贷、贴"相结合，充分发挥财政资金杠杆作用，为科技型中小企业（创业团队）增信加持，引导银行资金、创投资本、保险资金等多元化的金融活水支持科技企业创新发展，实现对成都市12家科创板上市企业的全覆盖，有力支撑成都市经济社会高质量发展。

一 建立服务平台实现信用利企的背景

为贯彻落实党中央、国务院"大众创业、万众创新"的战略部署，适应新时代下市场主体对科技创新的迫切需求，成都市科技局针对创新要素资源分散，市场主体在人才、资金、技术、平台等创新要素缺乏信息互通和有效对接的问题，按照"搭平台、给机会、送服务"的理念，打造"科创通"——成都创新创业服务平台，构建科技管理新模式。

科技型中小企业是成都市科技创新的中坚力量。在科技型企业初创时期，产品往往处于雏形阶段，此时创业团队中最值钱的是人才、技术等无形资产，很难依靠传统的抵押贷款获得融资，同时大多数创业企业也因信用问题，很难获得银行信用贷款和投资机构股权融资。为破解科技型中小企业"增信、增贷"及其他融资难题，帮助科技型中小企业建立"首信"，获得银行、投资机构等持续关注和支持，成都市科技局创新财政科技投入方式，构建形成"一套科技金融制度＋一个科技金融服务平台＋一批科技金融产品＋一个科技金融工作专班"的科技金融服务体系，依托"科创通"平台开发"科创贷""科创投""科创贴"等科技金融产品，将财政科技经费由单一"拨"转变为"贷""投""贴"，撬动资本市场各种要素资源投向科技创新，支持企业创新发展，帮助企业增信加持，孵化培育了一批高质量的科技型企业。

二 主要做法

(一) 构建财金互动新机制, 完善科技金融顶层设计, 探索科技企业增信模式

转变财政科技经费由传统的单一"拨"模式为"贷""投""贴", 探索有偿资助方式, 帮助科技企业增信, 全面撬动银行、保险、证券、股权基金等资本市场各种要素资源投向科技创新。

一是科技经费"拨"改"贷"。出台债权融资政策, 建立"政府增信+风险分担补偿"的债权融资机制, 针对科技型中小企业轻资产、重知识产权的特征, 对科技企业利用信用、股权质押、知识产权质押获得的银行贷款, 政府帮助银行分担最高60%的风险, 化解银行不敢贷的顾虑, 解决轻资产科技企业的债权融资"首贷""增贷"问题。

二是科技经费"拨"改"投"。出台天使投资政策, 采取政府引导资金出资部分适当让利的方式, 构建"引导+激励"基金组建机制, 弥补市场资源配置失灵环节, 引导社会资本组建天使投资基金, 重点投资种子期、初创期的科技型企业, 解决科技创新企业"首投"问题。

三是科技经费"拨"改"贴"。出台科技金融普惠资助政策, 建立"财政科技经费+社会资本"协同支持机制, 转变传统科技项目立项支持模式, 对获得银行贷款、创投投资、上市融资的科技企业, 通过后补助的形式给予一定比例(额度)的配套资助, 实现财政金融联动, 降低企业融资成本。

(二) 构建"科创通"平台, 促进科技金融资源对接, 为科技企业增信赋能

按照"数字底座为基础、产品矩阵为依托、银企对接促融通"的思路, 采用线上线下融合服务模式, 搭建科技企业与载体、资本、技术、人才等要素互通对接的"科创通"——成都创新创业服务平台。

一是搭建"一网两库"科技金融服务数字底座。依托成都市科技局政务数据资源，搭建"科创通"创新创业服务网、"高新技术企业库"、"科技型中小企业库"，积累和挖掘与科技创新相关的企业、人才、技术、项目等信用信息，基本实现对成都全市优质创新资源和潜力增长企业的全覆盖，夯实科技金融服务基础。

二是推出"科创"系列科技金融产品矩阵。创新实施"科创投""科创贷""科创贴""科创保"等系列科技金融产品，为科技企业提供涵盖天使投资、信贷融资、普惠资助、科技保险等全方位的科技金融核心服务，搭建起支持企业从初创到上市的资本桥梁。

三是常态化开展科技金融对接服务活动。坚持"月月有菁蓉汇、周周有创享会、天天有对接会"的工作目标，按照"小规模、高频次、精对接"的思路，深入产业功能园区持续推进"菁蓉汇"系列活动，将项目、资金、信息、人才有效集聚起来，实现"知本"和"资本"有效对接。

四是运用大数据构建科技企业信用基础。运用科技企业在"项目申报＋科技型中小企业入库＋高新技术企业认定＋科技金融产品应用＋线下活动参与"等多种渠道、多维度的数据沉淀和更新，不断描绘和完善科技型中小企业科技创新属性大数据画像，建立科技型中小企业信用基础信息数据，为科技型中小企业精准对接金融服务机构增信加持。

（三）创新科技金融产品，建立科技企业信用体系，满足科技企业投融资需求

一是开发"科创贷"产品，帮助企业建立"首信"。落实成都市债权融资政策，设立 4.68 亿元债权融资风险补偿资金，联合 22 家银行、担保、小贷等金融机构，引导 9 个区（市）县，联合建立信贷资金规模超过 97 亿元的信用贷款资金池（见图1）。形成了"多方协同、风险共担"的债权融资新模式，消除银行不敢贷的顾虑。"科创贷"信用贷款产品帮助科技型中小企业利用其知识产权、股权、人才、成果、研发投入等综合信用获得银行信用贷款，解决科技型中小企业"首贷"问题，并在银行建立"首信"。科

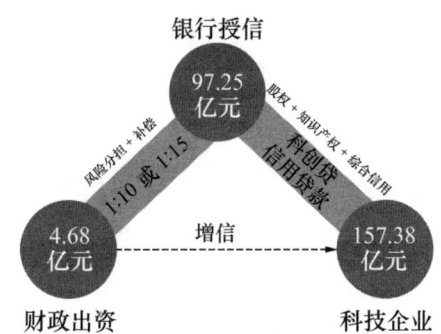

图1　"科创贷""政府增信+风险分担+补偿机制"

技型中小企业通过"科创通"平台获得第一次完整的"贷款—还款"经历后，将建立起基本的信用记录，这就为其发展获得进一步银行贷款或其他模式融资奠定了信用基础，成为科创企业获得融资信贷的"敲门砖"。例如，已于2021年10月22日在科创板上市的中自环保科技股份有限公司，作为一家专注于新材料产业的高新技术企业，是"科创通"平台中"科创贷"科技金融产品的重点支持对象。上市之前，中自环保科技股份有限公司也曾多次陷入资金流转困难的局面。就在2020年，中自环保科技股份有限公司业务迎来爆发式增长，亟须采购上游贵金属原材料。上游供应商需现款现货，而下游客户回款又有一定周期，亟须补充公司流动资金。得益于此前成功申请"科创贷"获得的"首信"，中自环保科技股份有限公司向成都银行天府新区分行提出贷款申请后，成都银行基于企业征信情况，结合企业技术优势、经营模式及发展前景等调查，决定用"科创贷"银政模式提供1000万元授信。通过低利率、低门槛、低成本"科创贷"的支持，有效解决了中自环保股份有限公司的"燃眉之急"。自2015年起，中自环保科技股份有限公司通过"科创通"平台从成都银行、渤海银行、华夏银行获得"科创贷"支持共计2300万元，为企业发展提供了重要助力。

为满足不同企业、不同阶段的不同债权融资需求，"科创通"平台引导银行针对不同阶段科技企业的差异化融资需求，开发了贷款额度从5万元到1000万元不等、平均贷款利率不超过6%的特色"科创贷"系列产品，形成了广覆盖、梯度化、低利率的产品集。为精准支持高层次人才创新创业、高校院所职务科技成果转移转化以及提高高新技术企业研发投入，满足科技企业精准化的融资服务需求，2021年3月，在"科创贷"的基础上，创新推出"人才贷""成果贷""研发贷"等科技金融新产品。区别于"科创贷"既有产品，新产品将精准投放到更有科技含量的高精尖企业。

二是开发"科创投"产品，助力企业获取"首投"。落实天使投资政策，设立规模为4亿元的天使投资引导资金（见图2）、规模为3亿元的知识产权运营母基金，联合创业投资机构、高校院所、新兴产业领军企业等社会资本，共同出资设立天使投资基金以及知识产权运营子基金，建立面向中早期的"科创投"系列基金体系，对成都市种子期、初创期的项目提供股权融资服务，支持成都地区的科技型企业及知识产权密集型企业成长。天使投资引导资金、知识产权运营基金充分发挥国有资金的放大特性，惠及更多本土优秀早期企业，解决科技型中小企业"首投"问题，也为企业增加信用评级，有利于其产品迭代、规模扩展等后续发展阶段融资。

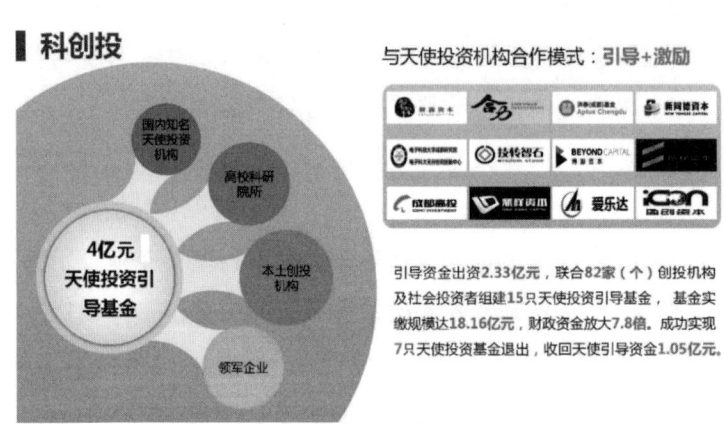

图2 开发"科创投"产品落实天使投资政策

三是开发"科创贴"产品，对企业融资和信用评级再补助。落实科技金融资助专项资金政策，开发"科创贴"普惠科技金融产品，对获得天使投资、债权融资、全国中小企业转让系统上市融资、科技保险的科技型中小企业进行财政科技经费奖补，主要包括以下三个方面。

依托"科创通"平台聚集的担保、评估等第三方服务机构，服务科技型中小企业信用升级。对获得天使投资的企业，按照科技企业获得的天使投资额给予10%最高100万元的配套补助；对获得债权融资的科技企业，通过贷款贴息、担保费补贴、信用评级补助、知识产权质押融资评估费补贴等，每年给予最高65万元的补贴；对在新三板挂牌的中小企业，分层分级给予最高50万元的补贴。

按照"重点引导＋一般引导"分类引导方式，对投保科技保险的企业，按照保费支出的最高60%，给予每年最高20万元的科技保险补贴，引导保险机构开发首台（套）重大技术装备综合保险、企业研发损失保险、贷款保证保险等针对性险种，促进科技企业加大研发投入，缓释创新风险，增加科技企业信用。

采用政府引导购买服务的方式，鼓励科技企业向科技服务机构购买服务，以电子券的形式在线对企业、科技服务机构进行双向补贴，降低企业研发成本，按服务费用进行最高20%的补贴。科技企业通过科技服务交易，沉淀创新行为数据，获得企业信用数据累积。

（四）组建科技金融专班，培养科技金融人才队伍，服务科技企业融资发展

一是加强组织机构建设。成都市科技局适应新形势下科技企业的金融服务需求，着力推进机构改革，成立负责科技金融的专门处室"科技金融处"，统筹实施全市科技金融工作，形成一套科技金融专班，加强科技金融顶层设计，探索运用信用促进金融创新、助推科技中小企业发展的新思路、新举措、新模式。

二是培养一批科技金融专业人才。8年的科技金融实践，培养了一批优秀的本地创业投资管理人才，在数字化的企业信用生态环境中，培养了一批了解科技型企业特点、熟悉科技型企业信用贷款模式的银行从业人员，打造了一支熟政策、懂科技、懂企业、会金融的人才队伍，构筑"信用领跑"全力赋能科技金融服务创新。

三 主要成效

（一）聚集科技创新要素资源，激发双创活力，夯实科创数据

"科创通"平台以科技金融为特色，以激发企业创新创业活力为目标，采用"线上平台＋线下活动＋孵化载体"服务模式，通过建立"精准化＋专业化"服务专班，实施"线上＋线下"的联动服务，推动"政府＋机构"协同运作，实现"政策引导＋市场服务"的资源配置，有效推动资本与"知本"无缝对接。目前，平台汇聚近3万家科技型企业（团队），服务机构864家，其中银行机构46家、股权投资机构92家、科技保险机构14家。举办上千场"菁蓉汇"科技金融对接活动，展示高校院所科技成果2900余项，发布企业技术需求400余项，促进成果转化和校企地合作等项目2778项。科技企业运用"科创通"平台达成项目申报、成果转化、技术交易、科技融资等科创属性的行为数据，成为增强企业信用，支持企业持续发展的有力支撑。

（二）发挥财政资金杠杆作用，撬动多元资本，投资科技创新

一是通过4.68亿元的风险补偿资金，与"中、农、工、交、建"等23家金融机构合作共建97.25亿元信用贷款资金池，推出"科创贷"信用贷款产品。2021年年底，累计帮助2382家企业获得6024笔157.38亿元纯信用贷款（见图3）。财政资金放大30倍；其中，2021年新推出的"人才贷""成果贷""研发贷"等信用贷款产品，已累计放款689笔27.9亿元。

二是出资7亿元"科创投"天使投资引导资金和知识产权运营基金，设立了22只规模近45亿元的"科创投"系天使基金和知识产权基金，财政资金放大近7倍；累计投资项目186个（见图4），其中包括药易购、天微电子等100余个成都本土项目，总投资额超过20亿元（见图5）。同时建立政府引导基金退出机制，目前，天使投资引导资金已经从参股6只天使投资基金顺利退出，实现了"募、投、管、退"的全流程闭环。

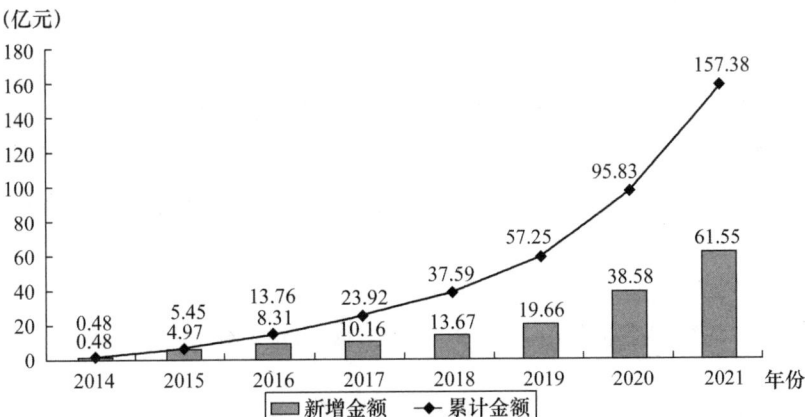

图3 2014—2021年"科创贷"放款金额统计

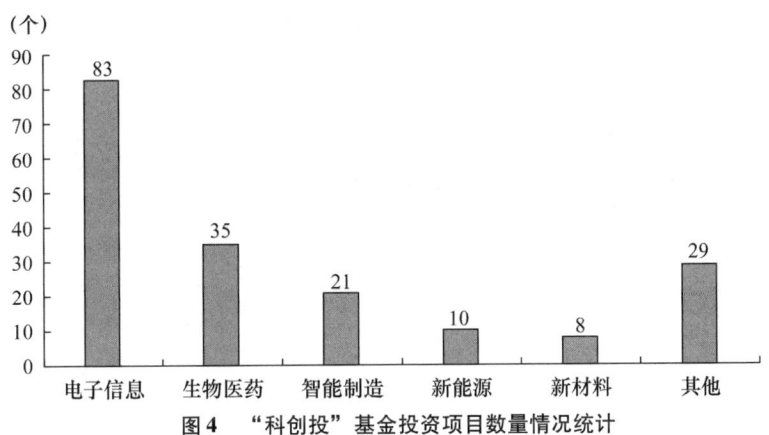

图4 "科创投"基金投资项目数量情况统计

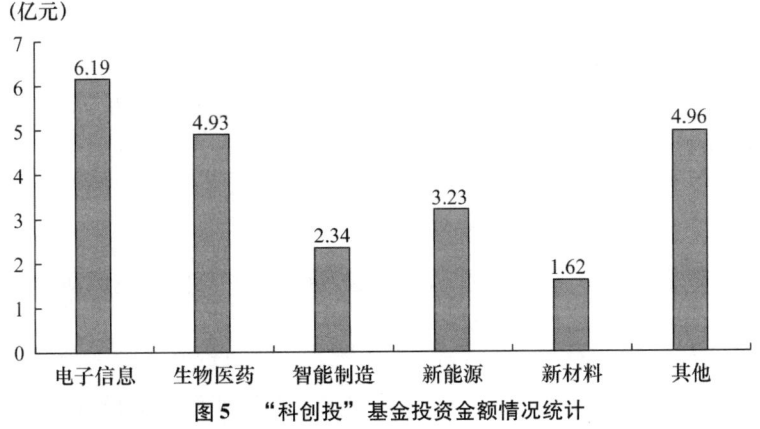

图5 "科创投"基金投资金额情况统计

三是通过 4.04 亿元的科技金融资助，补贴科技企业 4457 家（次），带动天使投资 39.03 亿元、银行贷款 95.84 亿元、科技保险投保 2339 亿元。此外，依托"科创通"平台，聚集 429 家科技服务机构提供检验检测、知识产权服务、高新技术企业申请补贴等 761 款"科创券"产品，累计 6527 家企业申领"科创券"。企业兑换 5041.08 万元，机构获得补贴 1383.39 万元。

（三）培育科技创新企业群体，凝聚创新力量，建强科技创新主体

一是培育了一批上市科技企业，"科创投"系列基金群投资的 186 个项目中，实现"科创板"上市企业 1 家（四川天微电子）、创业板上市 2 家（合纵药易购、四川观想科技）、新三板上市企业 18 家，有 44 个项目获得后续融资；目前成都市在科创板上市或者审核过会的成都先导、苑东生物、秦川物联、盟升电子、极米科技、纵横股份、智明达、欧林生物、天微电子等企业全部为"科创贷""科创投"系列科技金融产品长期跟踪支持企业，实现了科创板"蓉城军团"全覆盖。

二是支持了一批高质量的科技企业，"科创贷"支持了 1385 家高新技术企业、1316 家入库科技型中小企业，分别占"科创贷" 2378 家贷款科技企业的 58.24%、55.34%。在 1092 家"科创贷"续贷企业中，有 67.22% 的企业实现研发费用增长、67.12% 的企业实现主营业务收入增长、56.59% 的企业实现利润增长。

三是支持了一批国家级专精特新"小巨人"企业，"科创"金融系列产品支持的专精特新"小巨人"企业达到 78 家。既包括四方伟业、华栖云等具有一定规模的企业，也有易态科技、锐成芯微等深耕细分领域的优质企业。

（四）聚集科技金融服务资源，建立融资体系，支撑科技创新

一是"科创投"联合包括韩投世亚基金、合力资本、博源资本、盈创资本等国内外知名创投机构，以及电子科技大学等其他社会投资者共计 118

家（个）进行合作，共同引导创投资本投向科技创新。

二是"科创贷"合作金融机构从最初打开局面的 2 家发展到目前 22 家，建成了涵盖工农中建交五大行及相关股份制商业银行、科技小贷等在内的银行贷款支持体系，培养了一大批懂科技企业信用贷款的银行工作人员。

三是"科创保"培育科技保险机构达到 27 家，开发科技保险险种 323 个，有力增强科技企业风险缓释能力。在孵化培育科技型中小企业的过程中，逐渐摸索形成科技金融领域的"成都经验（模式）"，夯实了科技金融组织体系。

通过"科创通"平台的不断探索，逐步形成"以企业信用自律为基础、市场需求为导向、缓解企业融资难为突破口，推广使用信用产品、提高企业信用意识和信用积累、建立以企业信用为基础的科技金融创新机制和渠道，缓解企业融资难"为特色的科技企业信用体系，以信用促融资、以融资推动企业创新。信用已成为科技企业生存和发展的基础，是企业不可或缺的宝贵资本和生产力。企业通过自身立信、信用自律和信用承诺确立企业的信用地位，倡导内部加强信用管理，建立信用档案，不断积累企业信用记录。

目前，"鼓励商业银行建立专门的组织、风险控制和激励考核体系，设立科技支行等科技金融专营机构，开展信用贷款、知识产权质押贷款、股权质押贷款、履约保证保险贷款等融资业务"已作为科技金融的重要内容被写入《成都市科技创新中心建设条例》。科创通助企增信融资，激发创新创造活力模式得到《经济日报》《四川日报》《成都日报》等国家省市媒体的专题报道，2021 年 11 月，"科创通"服务平台激发企业创新创业活力作为国务院第八次大督查典型经验做法得到表彰。

四 问题及展望

（一）存在问题

经过8年探索实践，"科创通"平台信用利企模式卓有成效，实现了企业与金融机构的融资对接，促进了金融服务实体经济，也为政府行政管理提供了便利，但相较于创新治理体系和治理能力高质量发展新要求，还存在一些问题。一是科技型中小企业融资需求具有多元化，"短、频、急"的特点，融资需求点多，单笔金额小，因行业不同而存在不同的融资风险，亟须进一步探索建立技术和信用分类评估体系。二是在私募基金融资难的背景下，与发达地区相比，天使引导政策的吸引力相对不足。三是"科创投"的投后管理需要加强，科技金融运作团队的专业性需要提高，激励机制须进一步完善。

（二）下一步工作展望

下一步，成都市科技局将一以贯之地发挥"科创通"平台数据优势，按照"贯通创新链，融入产业链，对接资本链"的科技创新工作要求，将从创业者和科技型企业的实际需求出发，紧密联系聚集科技政策、高校院所、服务机构、金融机构和创新载体等科技创新资源，不断提高科技创新创业服务水平，持续加强科技型中小企业信用体系建设，全力构建更加完善的科技创新创业生态，助力成渝地区双城经济圈发展，建设具有全国影响力的科技创新中心建设。

深化科技金融改革创新。一是开展科技金融工作评估，邀请国内科技金融专家智库，对近年科技金融工作成效进行系统、全面、深入的评估，找准下一步科技金融工作发力点。二是完善科技金融政策体系，对标先进，结合实际，修订完善风险补偿资金池管理办法、天使引导资金管理办法等相关政策。三是结合科技企业特点，深入研究企业创新能力、成果转化能力和拥有的知识产权等因素，对企业信用能力进行全面提升，让创新能力强的企业信用得以增进。四是持续依托"信易+"创新应用，联合社会各界力量，让守信企业享受更多信用红利，进一步构筑信用服务科技的全要素、数字化生态环境，推动信用为企业创新发展赋能升级。

做大科技金融规模。一是进一步丰富科技金融服务产品，鼓励银行机构、保险机构围绕科技企业融资需求，创新开发科技金融服务新产品。二是深化"成果贷""人才贷""研发贷"等新产品的推广，壮大"科创投"系列基金的规模，撬动更多金融资源投入科技创新，投资孵化更多高质量科技创新型企业。

强化高科技企业信用监督和信用管理。一是建立和完善高科技企业与金融、担保、保险、投资机构的互信和沟通联系机制，在解决企业信用缺失和市场信息不对称的基础上，针对高科技企业轻资产的特点，不断开拓以信用为基础的企业融资渠道，缓解企业融资难，促进企业逐步实现信用交易、信用融资和信用结算。二是确立信用是高科技企业生存和发展的基础，是企业不可或缺的宝贵资本和生产力的企业信用理念，通过企业自身立信、信用自律和信用承诺确立企业的信用地位、倡导企业加强内部信用管理，建立信用档案，不断积累企业信用记录，以信用助推科技金融的创新发展。

加强投（贷）后管理防控风险。一是加强"科创投""募、投、管、退"全流程管理，督促组建的天使基金、知识产权运营子基金加快投资进度，有效掌握"科创投"系列基金群的运营状态，确保政府引导基金投得出去、收得回来。二是联合银行机构加强"科创贷"风险的动态监控，有效管理代偿风险，最大限度发挥风险分担补偿机制的作用。

成都市创新打造"1+N"信用评级模式引导行业诚信自律的探索

成都信用协会

摘　要：近年来，成都市按照"政府引导，市场主导"的原则，充分发挥行业协会作用，成都信用协会积极探索"1+N"信用评级模式，即1个公共信用标准（《成都市企业公共信用等级划分》地方标准），加N个行业信用标准的信用评级模式，规范了成都市社会信用评级市场秩序，营造了良好的营商环境，积极推动建立系统、全面的商务信用评价体系，取得了较好成效。

关键词：信用评级　行业自律　社会信用

近年来，成都市按照"政府引导，市场主导"的原则，充分发挥行业协会作用，依托成都信用协会（原成都企业信用评估与诚信评价协会），积极探索"1+N"信用评级模式，即1个公共信用标准（《成都市企业公共信用等级划分》地方标准），加N个行业信用标准的信用评级模式，规范了成都市信用评级市场秩序，建立系统全面的信用评价体系，助力成都社会信用体系建设积累了一定经验。该工作在2020年全国营商环境评估中，被国家发展改革委列为创新典型案例。

成都市创新打造"1+N"信用评级模式引导行业诚信自律的探索

一 创新"1+N"信用评级模式

(一)建立全国首个企业公共信用标准

2011年,为进一步规范成都信用评估市场,成都市工商局(现为成都市市场监督管理局)会同成都企业信用评估与诚信评价协会(现为成都信用协会),联合成都市标准化研究院、上海新世纪资信评估投资服务有限公司等单位起草了全国首个企业公共信用标准——《成都企业信用评估与诚信评价公共标准(试行)》;2013年9月,上升为成都市地方标准和四川省(区域性)地方标准——《成都市企业公共信用等级划分》编号DB510100/T 128—2013(以下简称《成都市公共信用标准》)。该标准是全国首个企业公共信用标准,作为衡量企业信用行为的权威标尺,为成都市开展信用评级工作奠定了坚实基础。

《成都市公共信用标准》包含五大维度100项权重指标。由基本条件、社会责任、经营管理、财务状况、信用记录五大类一级指标,100项二、三级指标构成。企业公共信用等级从高到低分为四等八级:四等分别为诚信企业(诚信示范企业、诚信企业)标识A、诚信偏低企业(诚信偏低企业、诚信较差企业)标识B、失信企业标识C、严重失信企业标识D;八级分别为AAA级、AA级、A级、BBB级、BB级、B级、C级以及D级。为让公众更好理解级别的含义,将AAA级(85~100分)定为"诚信示范企业",AA级(75~84.99分)、A级(65~74.99分)为"诚信企业"。

(二)制定多个行业信用标准

在《成都市公共信用标准》的基础上,成都信用协会推动制定了社会组织行业信用标准、政务诚信公务员信用标准建设。同时还联合多家民生重点领域行业协会,结合行业实际,先行试点制定了多个行业信用标准:2011年,与成都住宅与房地产业协会联合制定了《成都市房地产行业信用标准（试行）》；2013年，与四川省家具行业商会联合制定《四川省家具行业信用标准（试行）》；2014年，联合成都零售商协会制定了《四川省零售商行业信用标准（试行）》；2014年，联合成都市青羊区美食文化促进会制定了《成都市餐饮行业信用标准（试行）》；2018年，联合成都市武侯区民政局制定了《成都市武侯区社会组织信用标准（试行）》；2019年，联合成都简阳市发展改革局制定了《简阳市公务员信用标准（试行）》；2020年，联合成都市文化旅游产业商会制定了《成都市文化旅游行业信用标准（试行）》。

目前，成都信用协会正联合四川省建筑行业商会、四川省清洁服务业协会、四川省技术创新促进会、成都信息网络安全协会等制定相关行业信用标准。

（三）创新信用评级模式

企业信用等级评定最终得分由公共信用等级评定得分和行业信用等级评定得分构成，其中公共信用部分占60%，行业信用部分占40%，不仅充分考虑了各行业的共性，同时也考虑了不同行业的特性。在评级流程上，成都市采用了国际通用的初评、调研、复评、出具信用结果、出具信用报告等一系列严格的评价程序，评级结果采取动静结合，一年一评，跟踪评级，评级结果可升可降，这与目前各行业协会的信用评级有很大区别。通过行业协会积极推广信用评级，引导成都各行业诚信自律，倡导诚信经营、诚信服务，构建诚实、守信、和谐的行业发展环境，树立业内标杆，保障市场持续健康稳定发展。

二 重点民生领域先行先试

成都信用协会采用"1+N"模式相继在成都房地产、家具、零售商等行业试点开展了信用评级工作。2012年，成都信用协会联合成都住宅与房地产业协会启动房地产行业信用规范化建设试点暨"2011年度诚信企业"

评价工作。2013 年，成都信用协会联合四川省家具行业商会启动了四川家具行业"2013 年度诚信示范企业"评价工作，2015 年，成都信用协会联合成都零售商协会启动了成都零售商行业的信用规范化建设试点暨"诚信企业"评价工作。

按照"1+N"的评级模式，目前，成都信用协会已连续 8 年对获得房地产行业 A 级以上诚信企业开展了信用跟踪评级工作，连续 7 年对家具行业企业获得 A 级以上诚信企业开展了信用跟踪评级工作，对零售商行业企业获得 A 级以上诚信企业开展了 6 年信用跟踪评级工作，有效促进行业规范发展，对推进企业诚信建设，引导其他行业积极推动社会信用体系建设作出了贡献。

具体运用场景包括：2012 年，成都信用协会联合成都住宅与房地产业协会启动房地产行业信用规范化建设试点暨"2011 年度诚信企业"评价工作，在 400 家报名企业中最终筛选了 100 余家企业进行参评，在严格按照《成都市公共信用标准》和《成都市房地产行业信用记分标准（试行）》完成了评级工作，最终保利、汇厦、华宇、蓝光、大陆、怡和、万贯、国奥、新希望、棕榈泉等 44 家房地产企业获得 A 级以上"诚信企业"称号。其中，AAA 级的诚信示范企业有 13 家，AA 级诚信企业 20 家，A 级诚信企业 11 家。

2013 年，成都信用协会联合四川省家具行业商会启动了四川家具行业"2013 年度诚信示范企业"评价工作，依据《成都市公共信用标准》和《四川省家具行业信用标准（试行）》，严格按照公平、公正、客观的原则完成了对 30 余家家具企业信用评级工作，最终仅 8 家企业获得了"诚信企业"称号。其中，成都好风景实业有限公司、成都南方家俱有限公司、成都三鑫鼎高家具有限公司、成都金鹰家私制造有限公司、成都市林森木业有限责任公司 5 家企业获得"AAA 诚信示范企业"荣誉称号，成都市兴丰家具有限公司、成都市双凤家具有限责任公司、成都林森伟业家俬有限责任公司 3 家企业获得"AA 诚信企业"荣誉称号。

2015年，成都信用协会联合成都零售商协会启动了成都零售商行业的信用规范化建设试点暨"诚信企业"评价工作，在成都全市范围内共筛选出25家企业参与本次评级工作，依据《成都市公共信用标准》和《成都市零售商行业信用标准（试行）》，最终9家零售商企业因诚信经营、勇于承担社会责任、财务情况良好而被授予"诚信企业"的称号。其中，成都市天鑫洋金业有限责任公司、成都西单商场有限责任公司、成都华联商厦有限责任公司和成都国美电器有限公司4家企业获得"AAA级诚信示范企业"荣誉称号，成都洋洋摩尔百货有限公司、四川西部鞋都有限责任公司、成都远东百货有限公司、四川省老邻居商贸连锁有限责任公司、乐天百货（成都）有限公司5家企业荣获"AA级诚信企业"荣誉称号。

2018年在成都市文明办、市发展改革委、市商务局（现为市商务局）、市工商局（现为市市场监管局）的指导下，成都信用协会联合成都零售商协会启动了成都市诚信文明经营示范单位评选工作。依据此标准进行初评、上门调研、复评、公示、出具结果等流程评出了80家诚信经营示范单位，并为其建立信用档案，纳入"信用中国（四川成都）"网站。

2020年，联合成都市文化旅游产业商会启动了文旅行业信用评价工作。在成都全市范围内共筛选出40余家企业参与本次评级工作，最终有7家获得了A级以上"诚信企业"称号。其中，获得"AAA诚信示范企业"有5家，"AA诚信企业"有2家，等级结果已录入"信用中国（四川成都）"网站。

2021年，对房地产、家具、零售、物业、教育、文旅等民生重点领域A级以上诚信企业进行了跟踪评级，最终有15家获得了"诚信企业"称号。其中，"AAA诚信示范企业"有14家，"AA诚信企业"有1家，等级结果已录入"信用中国（四川成都）"网站。

2021年，协会不断地为行业和会员单位搭建平台、建立生态，推出十大信用产品，以推动行业健康有序发展，赋能"1+N"，为各行业提供全生命周期的信用服务。十大信用产品是："信用评级""信用修复""信用增信咨询服务""信用报告""估值报告""投资分析报告""社会责任报告"

"信用评估师、信用分析师""信链宝和区块链＋NFT（信用通证）""信用元宇宙"。

三 信用信息应用助推信用评价体系建设

为推进全域成都信用体系建设，推动地方信用立法，成都市于2014年1月以成都市政府第181号令出台了《成都市企业信用信息管理办法》，文件明确要求"行政机关、行使公共管理职能的组织在日常监督管理，政府采购、招标投标等公共资源交易，应当查询成都市公共信用信息系统，并将企业信用记录（或企业基础信用报告）作为决策的依据"。按照要求，成都市将信用评级结果推送至成都市公共信用信息系统，并通过"信用中国（四川成都）"网站对外公开发布。

通过"1＋N"信用评级模式的应用，积累了大量企业有效的信用信息数据，为完善企业信用信息数据库、建立企业信用档案，奠定了科学、客观、有效的数据基础；为规范成都市信用评估市场秩序，推动成都系统、有效、全面建立商务信用评估体系，推进全市标准化改革进行了有效探索。

四 强化信用约束监管，维护诚信经营秩序

为不断强化流通领域商品质量安全，提高成都市零售行业市场经营主体诚信经营意识，成都市市场监管局、成都信用协会、成都市零售商协会共同签署了《社会共治合作备忘录》，在成都市各大零售商场开展社会共治合作，进一步推动"1＋N"信用评级模式的应用。同时探索企业年报时使用第三方机构的信用评级结果，强化信用约束。

对拟进入商场经营活动的企业、个体工商户实行由商场开办责任主体方，通过"国家企业信用信息公示系统（四川）"查验企业、个体工商户的信用状况，对需进入商场经营但已被列入"经营异常名录""严重违法失信企业名单"的企业或被列入"经营异常状态"的个体工商户，暂不得进入商场开展经营活动，须企业、个体工商户向登记机关市场监管部门申请移

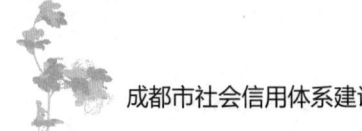

出后，方可进入商场开展经营活动。

对在商场内开展经营活动的企业、个体工商户，在退出商场经营活动时经查验对已被列入"经营异常名录"或"经营异常状态"的，须企业、个体工商户向辖区市场监管部门申请移出后，经商场开办责任主体方同意方可退出商场经营活动。

被列入"经营异常名录""严重违法失信企业名单"的企业不得加入成都信用协会，不得参与成都信用协会的信用评级、诚信示范企业评选、信用创建先进单位评选等活动，对失信企业实行失信惩戒。

零售商企业在成都信用协会通过"1+N"信用评级模式评为"诚信企业"的，在政府表彰评优、采购、招投标、资质认定等活动中实行"守信激励"，加强结果应用范围和力度。

通过此举，成都市探索建立零售商行业信用约束和联合惩戒的社会共治监管新模式，充分体现"企业自律、行业自治、政府监管、社会监督"的协作监管理念，共同促进广大经营户自觉履行经营者的责任和义务，促进经营者的守法意识，共同推动社会信用体系建设。

在大力推进社会信用体系建设中，成都市探索形成的"1+N"信用评级模式，以政府引导为基础，依托行业协会因地制宜制定行业信用标准，兼顾了政府评级的权威性和市场评级的灵活性，推进各行业诚信自律，深入践行了新发展理念，鲜明高质量和改革创新导向，营造了良好的营商环境和信用环境。该模式在各行各业、各城市试行均具有可操作性，具备可复制、可推广的基础。

五 加快信用成都产业生态圈建设推动信用服务创新的展望

（一）规范信用服务行业发展

规范信用服务行业，培育信用服务市场，提升信用服务市场的专业化、标准化水平，探索出台相关政策文件及鼓励措施。

（二）推进信用服务行业协会建设

加强信用服务机构的监管，推动信用服务行业自律管理，建立信用服务行业自律管理规则，建立信用服务从业准则和行为规范，建立信用服务机构及其从业人员信用档案，主动公示信用服务机构信用承诺，定期开展诚信教育和职业培训。营造良好的信用评级（评价）市场环境，推动行业有序、规范、健康发展。

（三）加快培育和引入各类信用服务机构

扩大信用服务供给，积极招引国内外知名第三方信用服务机构在成都市开展信用服务业务，打造行业龙头骨干；鼓励本地中小信用服务机构为中小微企业和个人提供信用服务，支持信用服务机构差异化发展。

（四）以信用信息应用助推信用体系建设

以用促建、以用促规范、以用促发展，加大信用等级和信用报告在政府采购、招标投标、公共资源交易、项目审批、专项资金安排、财政补贴等方面的有效应用；将信用等级结果或信用报告录入信用中国（四川成都）对外公开公示发布，作为政府相关职能部门特别是财政补贴发放的决策依据。

（五）加大信用人才培养力度

加强对信用管理人员、信用从业人员的业务培训和继续教育，支持高校设立信用管理专业。鼓励和扶持第三方机构、信用协会培养信用管理、信用分析等方面人才。积极引进信用管理高级人才，加强与信用建设发达地区的交流合作。

（六）打造信用新经济产品："信用+区块链"——"信链宝"或"信链通"

为抢抓数字经济"新机遇"，推动社会信用体系建设模式转型升级，推动信用加区块链技术融合发展，联合相关区块链企业共同推出信用新经济App产品——"信链宝"或者"信链通"。打造一套企业信用风险管控的解决方案，建立一个信用数据管理和共享的联盟平台，通过区块链技术、5G、人工智能、经济模型的深度融合，形成真实可靠、透明公平、覆盖面广的信用数据库，有效维护信用体系。

"信链宝"或者"信链通"集企业信用信息查询、信用风险预警、信用风险规避、信用等级评估等于一体的链上数字信用服务产品，旨在为企业提供更精准、更清晰的全方位信用数据平台。便于政府监管、行业自律、企业经营、社会监督。全面提高企业信用风险管控能力和水平，颠覆传统的信用信息采集、加工、使用模式，使全社会共建共享信用数据价值，形成新型信用监管和社会共治模式。链接更多信用金融产品增值服务，为企业贷款提供一站式服务，解决企业的融资需求，推动"社会信用"与"金融信用"融合发展，打通两者标准互认的"最后一公里"。

（七）发起成立天府（成都）信用产业发展基金

支持和服务信用产业发展，形成全生命周期的信用产业链，为投资融资等应用场景提供信用服务，为社会信用体系建设赋能。基金定位是推动成都信用产业链发展的先导基金；运营原则是政府引导、市场运作、行业自律、联合管控；投资领域包括信用评级行业、信用大数据存储及处理行业、信用推广服务行业、信用教育培训行业、信用服务电子网络行业、信用标准研发行业、信用咨询管理行业、信用技术、产品及服务开发行业等；运营目标是成为国内先导的信用服务产业链搭建的中枢起搏器，成为培育成都乃至全国知名信用服务机构的专业孵化平台。

（八）打造信用新经济产业园区

让信息具有信用，让信用产生价值。信用新经济产业以新兴信用服务业作为发展重点，通过培育"信用+"模式，全面促进信用信息与"新基建"（大数据、区块链、供应链、5G、云计算、物联网、数字经济、人工智能等）等技术的融合，扩大信用的运用场景，催生新的应用，从而增强社会信用体系建设的内涵和价值，培育出新的经济增长点，推动信用经济模式提升，打造信用新经济产业高地，促进行业经济高质量发展，形成新的千亿产业集群，为行业发展赋能。

（九）宣传信用文化

打造"中国·成都信用新经济产业大会"、"守信讲责、人人有责""守信讲责、以信立身"演讲比赛、"信用大讲堂"、"信用进社区、信用进学校、信用进企业"等品牌信用文化活动，弘扬信用和诚信文化。利用线上线下相结合的方式，普及信用知识，提升公众认知水平，弘扬中华民族积极向善、诚实守信的传统文化和现代市场经济的契约精神，形成崇尚信用的社会氛围，践行社会主义核心价值观。

成都市区域信用合作
促进区域一体化发展的探索

成都市发展和改革委员会　成都市经济发展研究院

摘　要： 党的十九大提出实施区域协同发展战略以来，国家层面对推动区域协同发展作出系列部署。作为成渝地区双城经济圈极核城市、四川省主干城市，成都市正不断提升区域带动力，加快推动区域一体化发展。其中，在推进社会信用体系建设区域合作方面，成都市在川渝信用合作的总体框架下，牵头推动了成都都市圈信用合作工作，取得了一定成效；成都市区（市）县按照区域协同系列部署，结合自身实际，与成渝地区双城经济圈内其他地区探索开展信用合作，积累了一定经验。下一步，成都市将继续深化社会信用体系建设区域合作，以信用为纽带推动区域一体化发展。

关键词： 区域信用合作　区域协同　区域一体化

一　成都市推动区域信用合作的政策背景

2021年10月，中共中央、国务院印发《成渝地区双城经济圈建设规划纲要》（以下简称《规划纲要》）。《规划纲要》作为指导当前和今后一个时期成渝地区双城经济圈建设的纲领性文件，是成渝地区制定相关规划和政策的依据。其中，对于区域信用合作，《规划纲要》明确提出要"推动信用一体化建设，逐步形成统一的区域信用政策法规制度和标准体系，支持共同开发适应经济社会发展需求的信用产品"，为成渝地区开展相关工作指出了明确方向。2021年12月，《重庆四川两省市贯彻落实〈成渝地区双城经济圈建设规划纲要〉联合实施方案》中再次提出，要"加快建设统一的区域信用政策法规制度和标准体系，加强信用信息共享开放，推动守信联合激励和失信联合惩戒"，为贯彻落实区域信用合作提出了工作要求。为推动成渝地区信用合作有关要求的落地落实，四川省和重庆市已开展系列工作，就如何开展跨区域信用信息共享、信用监管等工作进行安排部署（见表1）。基于川渝信用合作的总体框架，成都市积极参与推进两地信用数据共享互认，守信激励名单和严重失信主体名单互享互查等相关工作，助力川渝信用一体化建设。

表1 推动成渝地区双城经济圈建设信用合作大事记

时间	事件
2020年4月	重庆市市场监管局、四川省市场监管局共同签署《深化川渝市场监管一体化合作推动成渝地区双城经济圈建设工作方案》，提出建立健全成渝地区市场监管领域信用监管合作机制
2020年4月	成渝双城经济圈2020年社会信用体系建设合作会议在重庆召开，推进双方建立健全更加紧密、协同、高效的工作机制，推进成渝双城经济圈社会信用体系一体化建设
2020年7月	重庆市人民政府办公厅、四川省人民政府办公厅在重庆市签署了协同推进成渝地区双城经济圈"放管服"改革合作协议，提出在加强跨区域协同监管方面，探索跨区域协同监管机制，加大信用信息采集、共享力度，推行守信激励和失信惩戒，建立信用联合奖惩机制
2021年3月	重庆市人民政府办公厅、四川省人民政府办公厅联合印发《成渝地区双城经济圈"放管服"改革2021年重点任务清单》《川渝通办事项清单（第二批）》，提出加强区域信用建设合作，依法依规开展失信约束，实施失信名单披露、市场禁入和退出制度；推动信用一体化建设，加强信用信息共享平台对接，强化信用信息共享共用，推动"信用+"惠民利企场景互认等重点任务

续表

时间	事件
2021年10月	重庆市商务委对《成渝地区联手打造内陆开放高地方案》公开征求意见，提出推动信用一体化建设，逐步形成统一的区域信用政策法规制度和标准体系，推动信用信息开放共享
2022年2月	重庆市人民政府办公厅、四川省人民政府办公厅联合发布《成渝地区双城经济圈"放管服"改革2022年重点任务清单》《川渝通办事项清单（第三批）》《川渝电子证照互认共享清单（第一批）》3个清单，提出共同制定成渝地区双城经济圈公共信用信息共享目录，明确公共信用信息共享事项、字段、开放属性、更新周期以及接口等标准，在川渝两地共同开发信用应用场景，推动信用街区、信用商圈建设，推动川渝两地联合奖惩一体化，统一认定标准、数据标准、惩戒事项等重点任务

资料来源：源点信用，"源点观察——信用视角下的成渝地区双城经济圈"。https://baijiahao.baidu.com/s?id=1714370879617708138&wfr=spider&for=pc。

四川省委、省政府把大力推进成德眉资同城化发展作为推动成渝地区双城经济圈建设的支撑性工程、实施"一干多支"发展战略的牵引性工程，并作出系列部署。《成都都市圈发展规划》中同样对区域信用合作提出了"建立跨区域社会信用体系，完善公共信用信息共享机制，促进失信行为标准互认，完善失信主体名单制度和信用修复管理"的重点要求。四川省发展和改革委员会印发的《成德眉资同城化综合试验区总体方案》中，也将"加强信用体系建设，建立成德眉资一体化的信用激励和约束机制，优化金融营商环境"作为推动同城化支持政策集成创新的主要任务之一。为此，成都市在深刻理解把握国家及四川省对区域协调发展战略考量的基础上，聚焦极核引领，牢固树立"一盘棋"思想和一体化发展理念，主动与德阳市、眉山市、资阳市开展区域信用合作，推动成都都市圈探索建立以"信用协同共治"为核心的成德眉资"信用同城化"。

二 成都都市圈开展区域信用合作的现状

2021年12月，为深入推进成德眉资社会信用体系建设，成都市、德阳市、眉山市、资阳市四地发改部门在成都市共同签署了《推进信用同城化共建信用都市圈合作协议》，按照"开放、自愿、共享、安全"原则，围绕"共享信用信息、共制信用报告、共推联合奖惩、共创信用应用、共铸信用品牌"重点任务，建立跨部门、跨领域、跨地域全社会联动的信用机制，进而促进成都都市圈社会信用体系建设协调发展。该协议签署后，成德眉资四市随即建立健全成都—德阳—眉山—资阳信用都市圈建设合作联席会议制度，形成常态化、制度化的区域信用合作工作机制，定期沟通工作进展，通报相关情况，并拟定每年召开一次信用都市圈建设工作专题交流研讨会议，各成员单位轮流承办，以实现"交流促发展，合作创共赢"的目标。

根据《推进信用同城化共建信用都市圈合作协议》，成德眉资四市推进区域信用合作的主要内容共包含五个方面。

（一）加快实现信用信息共享

成德眉资四市各方积极推动跨部门、跨领域、跨地域信用信息互联互通、共享共用机制建设，协商确定信用信息共享方式、应用范围、数据安全等。成德眉资四市共同研究制定统一的数据交换标准和统一的信用信息共享共用监管机制，包括依法提供真实可靠共享信息，依法合理使用共享信息，按照相关法律法规规定承担法律责任，履行保密义务等。

（二）加快推动信用报告共制

成德眉资四市依法依规共同制定信用报告格式规范，建立信用报告共享和互认机制，并在此基础上积极探索信用报告服务应用领域，鼓励各类市场主体在生产经营活动中更广泛、更主动地应用信用报告，推动成德眉资四市诚信经营环境建设以及营商环境优化。

（三）加快实现联合奖惩共推

按照《国务院办公厅关于进一步完善失信约束制度构建诚信建设长效

机制的指导意见》（国办发〔2020〕49号）精神和《成都都市圈（成德眉资同城化）稳定公平可及营商环境建设专项行动方案》要求，成德眉资四市结合各地实际情况，同步制定信用奖惩目录清单、措施清单并进行动态管理调整。成德眉资四市探索在民生领域和与人民群众生命财产安全直接相关的重点领域，依法依规对信用主体实施守信联合激励和失信联合惩戒，构建成德眉资四市"一处守信处处受益，一处失信处处受限"的信用联合奖惩大格局。成德眉资四市建立会商机制，定期归集、及时反馈典型案例和亮点成效。

（四）加快推动信用应用共创

成德眉资四市加大信用应用探索创新力度，拓展信用应用场景。鼓励成德眉资四市政府、企业、社会组织依法依规在"信易贷""信易租""信易游""信易批"等领域创新产品，共同推动信用在政务办理、交通出行、金融服务、文旅服务、电子支付、水电气缴费、市民生活服务等方面的创新应用。加强成德眉资四市交流沟通，互相借鉴先进经验，互推创新产品，充分释放信用价值，让守信者享受更多便利和优惠，促进成都都市圈形成诚实守信的良好风气。

（五）加快推动信用品牌共铸

成德眉资四市共同强化信用成果宣传，弘扬诚信文化，塑造诚信精神，共铸成德眉资同城化信用品牌。成德眉资四市各自发挥渠道优势，通过地方电视、广播、报纸、网络等媒体作用，及时阐释和解读信用政策，积极回应各界关切，宣扬诚信模范，曝光失信典型，营造诚信氛围，共同改善城市信用环境，共同推动提高成德眉资四市社会信用水平。

2022年5月，由成都市市场监管局（成都市公共信用信息中心）承建的"成德眉资信用数据共享库"已正式上线运行，为成德眉资四市共建"信用都市圈"夯实了信用信息数据基础。该共享库在四川省大数据中心支持下，依托成都市政务云平台，通过数据汇交测试和数据资源整合，已全面归集成德眉资四市信用数据 10274305 条，将有力助推区域信用信息共享工作。同时，成都市市场监管局（成都市公共信用信息中心）联合德阳市、眉山市、资阳市三地公共信用中心，已共同编制完成《成德眉资公共信用信息系统资源共享目录》和技术方案，共同制定数据交换标准和信用信息共享共用机制，实现了以标准互通破除数据流通的关键堵点，将进一步推进成德眉资四市基于统一的标准规范开展信用合作与创新探索。

三 成都市区（市）县开展区域信用合作的探索与成效

按照推进成渝地区双城经济圈和成都都市圈建设有关要求，成都市部分区（市）县也纷纷尝试与其他地区开展跨区域信用合作，以期以信用为纽带推动区域合作，优化市场主体和群众办事服务体验。

（一）成都市新都区与重庆市九龙坡区借助第三方专业力量推动信用合作

成都市新都区与重庆市九龙坡区把两地信用合作纳入结对共建"双圈"协同发展示范区的重要内容，立足共建共享、加力加速推进、务求走深走实，为唱好"双城记"、建好"都市圈"贡献信用力量。两地发改部门围绕省、市信用建设部署要求，结合两地信用工作实际，借智借力华龙信用、大证信用等第三方专业力量，积极探索信息共享为主、联合奖惩互通、"信易+"多维拓展等合作路径，加快推进两地信用合作取得实效。着眼合作的长远可持续，两地共同建立了两地部门之间、第三方之间、部门与第三方之间的常态化沟通机制，推动合作迈上更高水平。下一步，两地将着力深化两地信用信息共享，动态在线更新两地红黑名单等重要信用信息；着力推动联合奖惩函件互认，实现两区异地奖惩一体化；着力推动"信易+"向投资、消费等更宽领域拓展，让区域信用合作成果惠及两地更多企业群众。目前，为营造两地共同推动区域合作的良好氛围，将已获评"九龙好人""最美新都人"的成渝两地共 185 名市民作为开展信用合作的"小切

口",针对相关市民组织开展跨区域"信易+"应用,通过互发两地公交卡、景区门票、提供两地内食宿优惠等,让守信红利惠及两地市民,以点带面共同营造诚实守信的社会氛围。

(二)"金青新简广中"六地跨区域合作推进医保领域信用治理

为推动跨地区医疗保障事业协同发展,2020年成都市金堂县、青白江区、新都区以及德阳市广汉市、中江县五地医疗保障局共同签订《成德眉资同城化"金青新广中"医疗保障事业协同发展战略合作协议》,2021年简阳市加入战略合作,六地在基金监管上建立案件的传递和协查机制,以进一步打击跨区域团体性欺诈骗保行为;并探索建立跨区域案件信息传递和共享平台,实现案件的在线传递和信息沟通,对存在严重违规行为的"金青新简广中"区域内跨区(市)县的连锁药店、诊所或医疗集团在六地进行联合通报。基于"金青新简广中"医保战略合作协议,六地定期交叉执法检查,常态开展医保领域系统治理"回头看""清零行动""三假"专项整治等打击欺诈骗保专项行动,交叉检查定点医药机构162家,追回或拒付违规金额32.33万元,处以违约金30.16万元,持续巩固基金监管高压态势,切实守好人民群众"救命钱",在协作开展医疗保障领域信用治理工作方面取得较好成效。

(三)成都市蒲江县与眉山市丹棱县基于信息互信推动审批服务跨区通办

2021年1月,为探索建立蒲江丹棱两地跨区域线上线下审批服务机制,加快推进成都市蒲江县和眉山市丹棱县跨区域融合发展,成都市蒲江县行政审批局与眉山市丹棱县行政审批局签订了《蒲江丹棱审批服务事项跨区域通办协议》,并由两地共同形成《丹棱县蒲江县跨区域通办审批服务事项清单》,首批梳理出74项"跨区域通办"审批服务事项,包括居民身份证办理、申报纳税、企业登记等与群众生产生活密切相关的事项纳入"跨区域通办"范围。同时,两地建立定期沟通机制,共同推动实现数据实时共享和信息互认互信，按照成熟一批、公示一批、办理一批的原则，不断拓展合作空间，逐步实现更多事项跨区域快捷高效办理。目前，两地已累计开展143件"跨区域通办"审批服务事项，以信用之基有力推动了成都市蒲江县和眉山市丹棱县的区域融合发展。

四 持续加强区域信用合作促进一体化发展的展望

当前，成都市在探索区域信用合作方面已取得一定经验与成效。为持续做强成渝极核和全省"主干"功能，发挥中心城市的辐射带动作用，引领同城化发展，成都市仍然需要在促进社会信用体系建设区域合作方面进一步发力，积极推动筑牢成渝地区双城经济圈和成都都市圈高质量发展的信用"基石"。

（一）进一步推进区域信用法规制度建设

全面推动社会信用体系建设在法治轨道上运行，既是各地社会信用体系建设的首要原则，也是地区间开展信用合作的核心准则。依托《推进信用同城化共建信用都市圈合作协议》和成都—德阳—眉山—资阳信用都市圈建设合作联席会议制度，成都市将积极推动建立健全跨区域社会信用体系建设组织架构和联动机制，推动形成相对统一的社会信用体系政策法规制度和标准体系，为进一步深化区域信用合作建强制度保障。

（二）进一步推进区域合作信用应用创新

在打牢信用信息数据共享这一基础的前提下，进一步推动区域合作信用应用工作，充分释放信用价值，实现更大程度的惠民便企，使社会信用体系建设成为成渝地区双城经济圈和成都都市圈高质量发展的支撑保障，是成都市积极推动区域信用合作的必然方向。为此，成都市将依托"成德眉资信用数据共享库"，主动协同德阳市、眉山市、资阳市，推进四市在"信用中国"区域网站统一设置"成德眉资信用信息共享应用专区"，加强

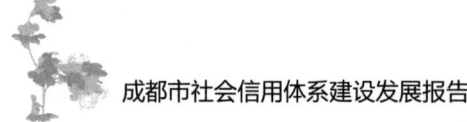

跨区域联合奖惩，建立公共信用报告共享和互认机制，为四市信用融资平台提供企业信用信息查询，加快推进信用信息资源要素在市场管理、信贷融资、企业自律、政府监管等方面的配置和应用，进一步促进区域社会信用体系建设协调发展。

（三）进一步探索区域信用服务市场培育

中共中央办公厅、国务院办公厅《关于推进社会信用体系建设高质量发展促进形成新发展格局的意见》明确提出，要"培育专业信用服务机构，加快建立公共信用服务机构和市场化信用服务机构相互补充、信用信息基础服务与增值服务相辅相成的信用服务体系"。从其他城市群区域信用合作情况来看，推动区域信用服务市场共育也是其中的一些重点合作内容。例如，长三角区域信用合作内容中就包含三省一市共同建立长三角区域信用联盟、定期发布"长三角地区信用服务机构备案互认名单"、推动建立区域信用服务统一大市场等内容。在《成渝地区双城经济圈建设规划纲要》中，也明确提出要培育发展现代服务业，其中就包括支持设立市场化征信机构，研发适合西部地区的征信产品，支持中外信用评级机构在成渝地区设立实体机构，推动信用融资产品和服务创新等重点内容。鉴于此，在发挥政府主导作用的基础上，成都市应探索在区域信用合作工作中融入跨区域共同培育信用服务市场方面的相关工作，依托《成都市信用行业自律登记服务办法（试行）》等探索经验，推动建立健全跨地区信用服务机构互认、信用报告互认机制，与其他地区共同培育一批专业化、特色化信用服务机构，推动信用要素在区域内顺畅流动，通过专业信用服务机构为区域间公共信用信息服务提供有益补充，进一步满足区域信用服务市场中不同市场主体和群众的各类需求，不断提升专业化信用服务助力区域经济一体化发展的能力和水平。

（四）进一步加强区域信用建设品牌推广

区域信用一体化建设是推动区域一体化发展的重要内容，也应成为区域一体化合作的一张重要"名片"。为进一步扩大区域信用合作影响力，引导全社会积极参与社会信用体系建设工作、自觉提升诚信文明水平，成都市应积极与德阳市、眉山市、资阳市等合作开展诚信宣传，共同加强各类信用政策法规、信用知识和典型案例的宣传，探索共同组织开展"诚信建设万里行""诚信活动周"等宣传活动，营造区域信用共建良好氛围。结合创建全国文明典范城市工作，共同发掘、宣传诚信人物、诚信企业、诚信群体，共同开展诚信企业、诚信市场、诚信商户等建设活动，树立社会诚信榜样，大力营造褒扬诚信、惩戒失信的社会环境。充分发挥各地新闻媒体和社会公众的宣传、参与和监督作用，通过区域信用合作，在更广范围、更大程度上形成社会广泛参与、共同推进建设的区域合作共建社会信用体系格局。

Ⅲ 应用发展篇

社会信用体系建设工作需要调动各地区积极探索创新,通过运用信用理念、信用方式解决制约经济社会运行的难点、堵点、痛点问题,充分发挥信用价值,实现更大程度的便民利企,激活市场活力,不断提高人民群众的获得感、满意度。为有力有效推动社会信用体系建设工作,成都市各区(市)县立足地区经济社会发展实际,积极探索社会信用体系建设的有效路径,将社会信用体系建设工作与"放管服"改革、优化营商环境、发展普惠金融、创新基层治理、推动乡村振兴等重大战略部署有机融合,形成了一批有利于发挥信用对提高资源配置效率、降低制度性交易成本、防范化解风险重要作用的实践做法,并且部分做法已被国家、四川省予以推广,可为成都全市及其他地区推动社会信用方面的应用与实践工作提供有益参考。基于此,本篇选取"银税互动"、"守信通"、市场主体全生命周期信用监管机制、"信托制"信义治理、"农贷通"五个成都市区(市)县的典型做法,以期从多个方面呈现成都市区(市)县在积极发挥信用之力推动"破题"经济社会发展难点、痛点、堵点问题方面所作出的积极探索与可借鉴举措。

"银税互动"促进纳税信用与信贷资源配置深度融合的探索与实践
——以四川天府新区为例

国家税务总局四川天府新区成都管理委员会税务局

摘　要： "银税互动"是指税务机关、银保监部门和银行业金融机构开展合作，帮助企业将纳税信用转化为融资信用，缓解企业融资难、融资贵问题的一系列措施的总称。四川天府新区税务局通过联合辖区内银行开展"银税互动"，将企业纳税信用与信贷资源配置深度融合，优化了银行信贷资源分配，为广大守信纳税企业获得银行融资拓宽了渠道，充分彰显了纳税信用在普惠金融体系建设中的重要作用。

关键词： "银税互动"　信用融资　信贷资源

一　"银税互动"工作开展背景

（一）信用体系建设有要求

2022年，中共中央办公厅、国务院办公厅印发《关于推进社会信用体系建设高质量发展促进形成新发展格局的意见》，提出为推进社会信用体系建设高质量发展，促进形成新发展格局，要以健全的信用机制畅通国内大

循环、以良好的信用环境支撑国内国际双循环相互促进、以坚实的信用基础促进金融服务实体经济、以有效的信用监管和信用服务提升全社会诚信水平。

近年来，社会信用体系建设已经成为深入推进"放管服"改革，更好激发市场主体活力，推动经济高质量发展的重要支撑。"银税互动"机制建设是完善社会信用体系建设的重要一环，深入开展"银税互动"有利于推进社会信用体系高质量发展，对优化经济资源配置、构建良好营商环境、促进国民经济循环高效畅通、打造新发展格局都具有重要意义。

（二）中小微企业发展有需求

中小微企业是我国经济的重要组成部分，贡献了50%以上的税收、60%以上的GDP、约70%的技术创新和80%的就业机会，占市场主体的90%以上，是稳经济的重要基础、稳就业的主力支撑，也是提升产业链供应链稳定性和竞争力的关键环节。但中小微企业融资难、融资贵的问题一直难以得到有效解决，尤其是新冠肺炎疫情的暴发，让许多中小微企业的生存发展面临严峻考验，加大对中小微企业的金融支持则成为助力企业复工复产、推进社会经济运行的重要举措。在此背景下，开展"银税互动"，对解决中小微企业和个体工商户的融资难题，切实缓解中小微企业资金困难，助推市场主体平稳发展，有着紧迫而深远的意义。

（三）税务机关落实有责任

近年来，国家税务总局先后出台了《国家税务总局 中国银行业监督管理委员会关于开展"银税互动"助力小微企业发展活动的通知》（税总发〔2015〕96号）、《国家税务总局办公厅 中国银行保险监督管理委员会办公厅关于发挥"银税互动"作用助力小微企业复工复产的通知》（税总办发〔2020〕10号）等规范性文件，对通过"银税互动"助力小微企业发展予以指导和推广。四川天府新区税务局积极响应上级税务机关号召，在税务总局和银监会建立的"银税合作"机制框架内作了大量探索创新，通过与

"银税互动"促进纳税信用与信贷资源配置深度融合的探索与实践

辖区内银行业建立合作机制、共享交换信息、创新融资方式,帮助企业将纳税信用转换为融资信用,为广大中小微企业获得银行贷款拓宽了渠道,形成企业、银行、税务三方共赢的局面。

二 "银税互动"工作主要内容

"银税互动"是纳税信用与信贷资源配置深度融合的一种实践尝试,其核心是将纳税信用转化为融资信用,让诚实、守信的中小微企业能够尽可能多地得到信贷资源倾斜。开展"银税互动",不仅符合国家政策支持中小微企业发展的初衷,更重要的是有效彰显了信用价值,这让越来越多的企业开始更加重视自身信用建设,也对提升全社会信用水平有着重要促进作用。

(一)"以税促信",夯实"信"与"贷"融合基础

目前我国现行的"银税互动"以《纳税信用管理办法(试行)》(国家税务总局公告2014年第40号)及总局制发的相关文件为纲领。纳税信用评价是实现纳税信用与信贷资源融合的前提和基础,"银税互动"机制下,信贷资源是否有效配置,取决于企业是否能够通过纳税信用提升自身的信用水平,使纳税信用真正成为企业加强自身诚信建设的"金标准"。为提升天府新区企业纳税信用,天府新区税务局针对不同信用级别的纳税人实施分类服务和管理,主要围绕激励和惩戒两个方面,引导企业诚信经营,实现"以税促信"。一是主动加强守信激励。在办税服务厅为A级纳税人开通"绿色通道",A级纳税人无须取号排队即可办理涉税业务,提高纳税人办税效率;A、B级纳税人可单次领取3个月、2个月的增值税发票用量,降低诚信纳税人办税时间成本;缩短A级纳税人出口退(免)税办理时限,平均办理速度大大提升。以上激励性措施对天府新区企业严格落实税务机关设置的纳税信用指标有强烈促进作用,利于形成诚信纳税光荣的良好风气。二是严格落实失信惩戒。对D级纳税人加强出口退税审核;将D级纳

税人列入重点监控对象，发现税收违法违规行为的，不得适用规定处罚幅度内的最低标准；落实重大税收违法失信案件当事人信用评价惩戒机制，对纳入"黑名单"企业及时进行动态调整判为 D 级。通过对税收失信企业进行约束和惩戒，进一步提高企业在纳税信用上的区分度，为银行系统配置信贷资源提供了有力参照。

（二）"以信换贷"，畅通"信"与"贷"融合渠道

目前成熟的"银税互动"模式是在依法依规、企业授权的前提下，税务机关向金融机构推送企业纳税信用信息，金融机构对符合条件的企业提供信贷服务（见图1）。银税双方运用大数据技术，合力搭建银税服务平台、开发信贷产品、支持中小微企业发展，实现了"以信换贷"，让纳税信用和信贷资源配置深度融合成为可能（见图1）。

图1 "银税互动"业务办理流程

一是签订征信互认协议。本着"优势互补、平等互利、诚实守信、长期稳定"的原则，天府新区税务与建设银行成都自贸试验区分行、中国银行成都自贸试验区分行、成都银行天府新区分行、农业银行天府新区分行等辖区内多家银行专门签订"征信互认 银税互动"战略合作协议，积极搭建银税合作平台，推进税务机关和银行的有效对接，实现纳税信用信息的共建共享和银行、税务、纳税人等多方共赢。二是完善信息交换机制。通过完善"银税互动"线上信息交换、用户授权、信息安全等机制，实现纳税信用评价结果及涉税数据全流程线上推送，企业线上查询并授权银行获取涉税信息。这不仅解决了信息交换问题，更有效避免了企业信息泄露风险。

（三）"以贷纾困"，强化"信"与"贷"融合质效

针对中小微企业融资难度大、成本高等难题，天府新区税务进一步深化银税合作，通过增量降率、授信扩面、修复授信额度等多管齐下，努力降低中小微企业融资成本，满足中小微企业"短、小、频、急、低"的融资需求。一是降低企业信贷成本。针对不同产品的受众特点，最大限度提高"银税互动"信贷产品授信额度。目前"银税互动"产品最高授信额度可达 500 万元，最低利率可至 3.8% 左右，信贷成本大大降低。二是主动扩围受惠群体。进一步推进"银税互动"产品受惠群体从纳税信用 A 级、B 级企业，向新办暂无经营收入的 M 级企业拓展，从有税纳税人向无税纳税人延伸，从"重点扶持"向"普惠金融"转变，扶持无税户生产经营并助其最终成为"有税户"。三是提高授信放贷效率。推动"银税互动"产品申贷渠道全面升级，实现信息推送、用户授权、贷款申请、审批授信、放贷全流程"线上"办理，纳税人无须提交任何资料便可秒审秒批，报送资料和时间成本节省 99% 以上，最快 1 天内即可办结，并提供"线下+线上"双渠道选择。四是快速修复信贷额度。对享受税收减免政策的符合融资条件的纳税人，以现有减税额叠加纳税额，还原企业享受税收减免前的纳税额度，以此为基准来核算企业贷款授信额度，以"减得多"还原"缴得多"、以"缴得多"推导"授信多"，快速修复企业信贷额度，帮助其获得税收减免和授信额度的叠加优惠，实现"减税不减贷"。

（四）"以贷惠企"，创新"信"与"贷"融合模式

天府新区税务局主动创新"银税互动"合作模式，加大双方合作力度，为中小微企业提供实实在在的优惠，助力企业发展能力倍增。一是提供金融专员服务。天府新区税务局为辖区内 100 家纳税信用评级高、经营管理规范、融资需求急的小微企业指派金融服务专员，定制金融解决方案，通过点对点帮扶有效配置信贷资源，精准助力企业发展。二是开展线上"云签

约"仪式。2020年，天府新区税务为推动企业复工复产，携手建行天府新区支行及10户企业代表，依托视频会商系统及直播平台举办"减税云贷"系列产品"云签约"仪式，10户企业代表通过全流程线上自助办理的方式，成功申请"减税云贷"及"减税抗疫贷"资金。三是搭建"春雨润苗"银税基地。2021年，天府新区税务局与天府新区行政审批局联合，以全省首家首贷服务中心为载体，以"银税互动"等融资产品为切口，搭建"春雨润苗"银税基地，打造为企业提供更多银行选择、更多融资产品、更便利的融资渠道、更低的融资成本、更优质的融资服务的"融资超市"，目前已有5家银行入驻。银税基地可根据天府新区中小微企业的特点，提供"普适产品+私人定制"的金融服务，解决中小企业求贷无门的难题，真正实现"润苗基地搭台、银行唱戏、纳税人受益"。

三 "银税互动"工作主要成效

（一）提升了企业融资"便利值"

"银税互动"的深入推进，有助于解决小微企业融资难、融资贵、融资慢的问题。一是融资渠道畅通。天府新区税务局通过深化银税合作，将纳税信用与企业融资发展有机结合，打通金融"活水"流向中小微企业的"最后一公里"，拓宽了中小微企业获取信用贷款的融资渠道。二是融资成本降低。通过联合银行推出纯信用、无抵押、无担保的信贷融资产品，降低了中小微企业申贷门槛，企业融资成本减少。三是融资效率提高。通过打造全流程线上授信放贷，成功让"数据跑"代替"人工跑"，跑出了融资到账新速度，企业融资效率大幅提高。

2021年，天府新区授信成功1409户，同比净增734户，增幅约为109%（见图2）；贷款金额达7.07亿元，同比净增4.46亿元，增长约为171%（见图3），实现了户数、金额双翻番。

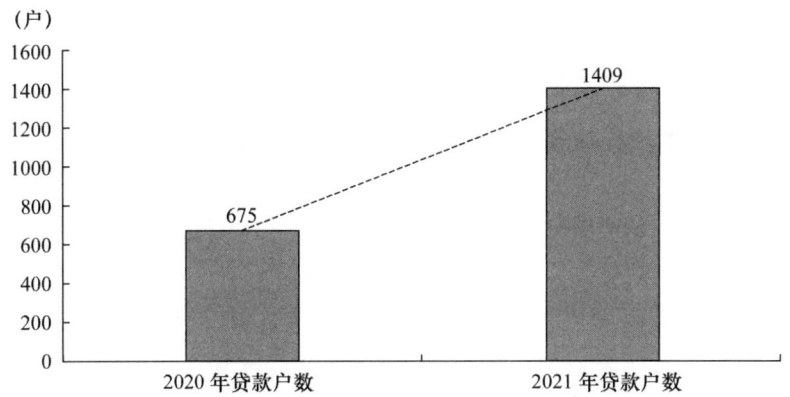

图2　2020年、2021年四川天府新区"银税互动"贷款户数变化情况

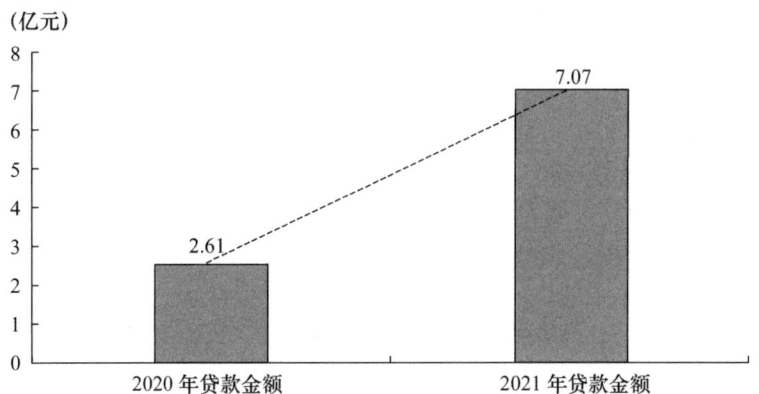

图3　2020年、2021年四川天府新区"银税互动"贷款金额变化情况

（二）增强了金融信贷"能力值"

"银税互动"的深入推进，助力银行进一步增强了金融服务能力。一是拓宽了信息获取渠道。天府新区税务局充分发挥掌握企业涉税数据的有利条件，通过线上授权银行获取企业涉税信息，有效破除了银行与企业间的信息壁垒，拓宽了银行信息获取渠道，降低了信息获取成本。二是提升了风险控制能力。银行综合考察企业涉税信息及其他征信数据来核算贷款额度，有效降低了融资风险，提升了风险控制能力，资金安全性大幅提高。三是优化了信贷资源配置。银行通过银税产品向小微企业放贷，改善了内

部信贷资源配置,将信贷资源进一步向普惠金融转移,增强了银行普惠金融服务"能力值",有利于促进银行可持续均衡发展。

(三)强化了税务服务"效力值"

"银税互动"的深入推进,有助于税务机关提升纳税人遵从度、满意度,进一步优化纳税服务。一是提升了纳税信用状况。"银税互动"普惠效果促进了守信激励示范效应不断增强,"守信激励、失信惩戒"的社会信用共治格局加速形成,天府新区纳税遵从整体情况持续向好。2020年度,天府新区纳税信用A、B级纳税人占比较上年增加4.9%。二是强化了纳税服务质效。通过整合银税双方优势、打通银税信息共享渠道、升级全流程线上放贷等举措,进一步提高了税务机关纳税服务质效,降低了服务成本,提升了天府新区纳税人满意度。三是发挥了服务大局职能。天府新区税务在全面落实减税降费政策的同时,帮助企业解决流动资金短缺问题,通过"一减一贷"进一步打通梗阻、畅通经济循环,充分发挥税收调节经济的职能作用,也有利于推动保主体、稳市场、促发展。

(四)激发了天府新区经济"活力值"

"银税互动"的深入推进,在助力天府新区经济发展持续向好方面发挥了应有作用。一是促进了地方产业转型。天府新区获得银税贷款的企业中,2020年共有信息传输、软件和信息技术服务业企业146户,2021年共有信息传输、软件和信息技术服务业企业282户,同比增长93%;2020年共有科学研究和技术服务业企业112户,2021年共有科学研究和技术服务业企业216户,同比增长93%(见图4),银税贷款进一步向科创企业倾斜,对促进天府新区产业转型升级起到了应有的作用。其中,2021年从事科学研究和技术服务业,信息传输、软件和信息技术服务业的企业入库金额较2020年同期分别增长333.6%、30.7%。二是促进了个体工商户发展。个体工商户是经济韧性、就业韧性的重要支撑之一,也是地方"经济细胞"的重要组成部分,但个体工商户抗风险能力相对较弱,以往很少能够获得银行的直接信贷支持。但近两年来，个体工商户在获取银税贷款方面有所突破，2020年、2021年累计达到154户，个体工商户融资难的状况有一定程度改善（见图4）。三是促进了小微企业发展。2021年，天府新区小微企业入库金额较2020年同期增长41%，"银税互动"帮助小微企业将无形信用资产转化为企业发展的"真金白银"，进一步促进了地方经济健康可持续发展。

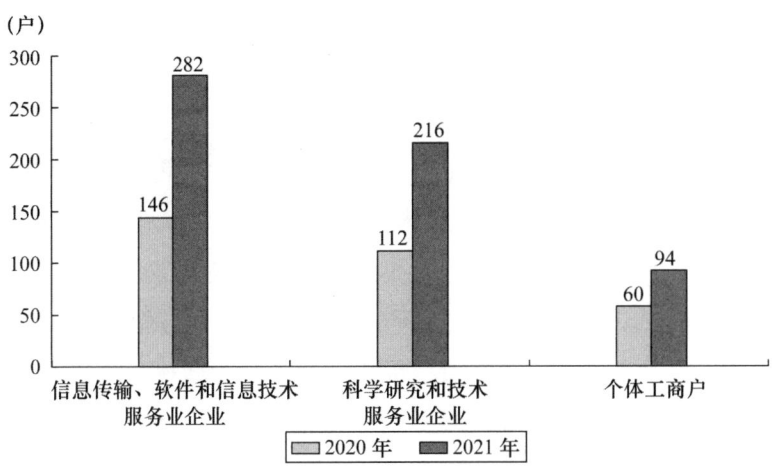

图4 2020年、2021年四川天府新区"银税互动"部分行业占比情况

四 下一步推动"银税互动"工作的展望

下一步，天府新区税务局将立足服务新时代公园城市建设，将纳税信用与信贷资源配置深度融合，进一步释放"银税互动"红利，为服务地方经济社会高质量发展贡献力量。

（一）在服务范围上"双扩围"

持续增强对辖区内企业融资的支持力度，推动"以信换贷"范围再扩大。一是服务等级扩围。探索进一步扩大可申请银税贷款企业的纳税信用等级范围，除目前符合条件的A、B、M级企业外，深挖部分C级企业发展

潜力，对轻微和非主观故意的失信行为进行纳税信用修复，对得分较高的C级企业进行指标精准分析，筛选出可授信企业，让更多需要贷款的企业进入"银税互动"的"朋友圈"。二是合作银行扩围。积极对接辖区内各大银行金融机构，力争将更多有意愿、有条件的银行纳入合作范围，为小微企业融资提供更丰富的选择，同时联合不同银行创新推出更契合天府新区企业发展特点的多种类融资信贷产品，以满足不同行业、不同类型企业融资需求。

（二）在服务对象上"双优化"

在对现有服务对象开展精细化服务的基础上，对国家支持行业进行精准重点帮扶。第一，持续深化小微企业合作。延伸服务触角，将"银税互动"工作纳入"便民办税春风行动"、助力小微企业发展"春雨润苗"等专项行动，主动梳理辖区内符合条件的小微企业清单，引导银行主动对接企业、精准提供金融服务，持续推动"银税互动"业务增量、红利加码。针对小微企业通过多种形式对银税贷款政策及信贷产品进行广泛宣传推广，提高"银税互动"公众知晓度，同时促使企业提升诚信纳税意识，推动形成诚信纳税光荣、珍视征信受益的良好社会氛围。第二，精准帮扶三大重点对象。一是加大个体工商户帮扶力度，天府新区目前共有1.7万个体工商户，占总管户的22%，具有巨大挖掘潜力。针对个体工商户"周期短、频率高、时效强"的融资需求特点，联合天府新区金融机构优化信贷产品服务，开发随借随还类信贷产品或提供针对性融资方案。二是加大"专精特新"企业帮扶力度，"专精特新"企业深耕硬科技领域，是新的经济增长点，有着新的竞争优势，但"专精特新"企业尚处于发展阶段，整体盈利能力相对受限。天府新区现有省级"专精特新"企业15家，通过联合银行金融机构，落实清单管理，将"专精特新"企业纳入双方重点服务名单管理，逐户落实专人跟进服务；成立"银税"辅导队，深入企业开展"送政策、送服务、送资金"服务，逐户上门了解企业情况和金融需求；开辟绿色办税办贷通道，通过简化办税办贷环节、精简资料、缩短时间，切实提高办税办贷质效。三是加大绿色低碳行业帮扶力度,积极探索以"双碳"目标为引领,推动绿色低碳优势产业高质量发展。联合银行推动银税信贷产品向绿色低碳行业侧重,创新推出绿色低碳"银税互动",及时梳理符合条件的绿色低碳企业名单,分类分级对接企业融资需求,充分利用碳减排支持工具等专项政策,扩大绿色金融产品的覆盖面和市场影响力。同时税银双方积极向省级主管部门争取试点,建立绿色低碳"银税互动"线上数据直连工作机制,扩大创新成效。

(三)在服务模式上"双融合"

进一步深化纳税信用结果运用,加强跨部门、跨区域合作和信用信息共享融合互惠。一是跨部门信用融合。加强政府公共信用信息与金融信用信息共享整合,除现阶段与银行进行数据共享外,主动与工商、住房、公安、法院等地方部门寻求合作,采用线上信息交互的融合方式,进一步打破部门间信息壁垒,走出部门信息孤岛,通过实现各部门和银行数据共认共享,建立含金量更高、有效性更强、适用性更广的公共与金融信用信息一体化融合服务信贷体系,助推社会信用体系建设高质量发展。二是跨区域信用融合。为深入推动成德眉资同城化发展及成渝双城经济圈建设,助力发展天府新区普惠金融、扩大信用贷款规模,要进一步强化与德阳、眉山、资阳几市及重庆两江新区税务系统间的沟通交流,联合各地区税务机关开展纳税信用等级互认及"银税互动"产品共享工作,方便更多诚信纳税人跨区域申请贷款,进一步扩大享受银税贷款的企业范围,充分发挥天府新区领先标杆作用。

(四)在服务手段上"双提升"

深入创新"银税互动"服务手段,进一步扩大"银税互动"溢出效应,拓宽银税综合服务范围。一是大数据搭建银税合作平台。充分运用"互联网+"、大数据、云计算等现代信息技术手段,按照"互联网+税务+金融"模式,通过与区内多家银行建立线上合作关系,打造线上"银税互动"

融资服务平台，采取银税数据直连模式，使平台具备信用信息共享、主动筛选合规企业、网上贷款办理、线上银行开户等多种功能，为天府新区信用良好的中小微企业提供"纯信用、零费用、秒到账"的银税服务。二是探索银税综合服务模式。持续探索与银行开展多元化合作，将银税合作范围拓宽到银行贷款以外，打造银税综合服务模式。推动将纳税服务与金融服务相结合，联合区内多家银行共同测试网上银行、手机银行缴税功能，在各大银行网点放置税收政策宣传资料、配置自助办税终端，为纳税人提供更加高效方便快捷的多元化办税渠道，进一步提升纳税人的满意度和获得感。

"守信通"降低制度性交易成本的探索与实践
——以成都高新区为例

成都高新区发展改革局　成都高新区智慧城市运行局

摘　要：降低企业成本关乎我国经济持续健康发展。当前，降低制度性交易成本的难点，在于企业所面临的"条条框框"太多且不合理，各种"证"的门槛太高，审批流程过于繁杂、拖沓。因此，"减证、减流程"是最有效的企业"降成本"举措之一。党中央国务院强调，要持续深化"放管服"改革，降低制度性交易成本。而信用监管在推进"放管服"改革中具有其天然优势，可为"放管服"改革注入最直接、最有力、最有效的动力，信用监管也必将成为降低企业制度性交易成本重要举措。本文基于成都高新区"守信通"案例，分析信用监管在降低企业制度性交易成本的举措、效果与机制，总结构建以信用为核心的新型监管机制在行政审批中的实践经验并提出研究建议，以期助力解决政府和企业面临的降低制度性交易成本问题，释放"服务红利"、促进营商环境优化、激发市场活力。

关键词："守信通"　社会信用　"放管服"

一　成都高新区"守信通"工作开展背景

2022年3月29日，中共中央办公厅、国务院办公厅印发了《关于推进

社会信用体系建设高质量发展促进形成新发展格局的意见》（以下简称《意见》）。《意见》指出，要扎实推进信用理念、信用制度、信用手段与国民经济体系各方面各环节深度融合，进一步发挥信用对提高资源配置效率、降低制度性交易成本、防范化解风险的重要作用，为提升国民经济体系整体效能、促进形成新发展格局提供支撑保障。《意见》要求，有序推进各地区各行业各领域信用建设。积极探索创新，运用信用理念和方式解决制约经济社会运行的难点、堵点、痛点问题。推动社会信用体系建设全面纳入法治轨道，规范完善各领域各环节信用措施，切实保护各类主体合法权益。充分调动各类主体积极性创造性，发挥征信市场积极作用，更好发挥政府组织协调、示范引领、监督管理作用，形成推进社会信用体系建设高质量发展合力。

构建以信用监管为核心的新型监管机制是建设社会信用体系建设的重要应用场景，其核心在于精准监管、差异监管、高效监管，通过对市场主体不同的信用状况开展信用评价，根据评价结果分类引导和服务，实施差异化监管措施。通过集中有限管理力量，精准配置监管资源，建立统一的信用监管规则和标准，实施灵活有效的信用监管方式，作用于主体事前事中事后全生命周期，达到动态监管、穿透监管、行为监管的成效，推动市场主体履约的守法意识，净化市场信用环境。进一步建立健全信用承诺、信用评价、信用奖惩等现有制度，将行之有效的做法上升为制度规范，形成点面结合的制度系统，强化部门信息协同，准确把控信用风险，不断构建惠民便企应用场景，巩固信用制度化成果，降低经济社会政府侧运行成本，全面优化营商环境。

为推动审批流程再优化、审批时限再压缩、服务水平再提升，打造一流营商环境，成都高新区围绕构建以信用为核心的新型监管机制，深入推进信用在政务服务领域的应用，着力提升市场主体获得感、满意度，精简环节、精减时间、精减费用，以解决政府和企业面临的降低制度性交易成本问题，激发市场活力，助推经济社会健康有序发展。

二 成都高新区"守信通"案例概况

成都高新区以信用为牵引,以数据共享为支撑,打造"信用大数据+容缺受理"的政务信用产品——"守信通"(见图1)。

一方面,"守信通"从市域社会治理入手,构建数据资源中枢,通过大数据共享交换实现数据闭环流转,构筑"企业+居民"诚信评分体系,从企业基础经营能力、履约风险能力、守信经营能力等维度,为办事企业构筑立体化动态化的信用画像,主动将企业经营状态、司法风险、经营风险、政务风险等风险点推送给业务受理人员,让数据跑在风险前面,变被动排查为主动触达,实现跨部门联合监管、业务协同、快速处置。同时,强化信用记录在办理行政许可和政务服务中的应用,推动政府智慧监管能力的闭环,实现审批服务便民化和事中事后监管联动,对于通过"守信通"办理的事项,事后进行专项监督检查,并将结果反馈回"守信通"评价体系,监督结果为"守信"的,其信用评价会越来越好,监督结果为"失信"的,其信用评价会越来越差,且不再能享受信用便利政策。

图1 "守信通"平台界面

另一方面,"守信通"从基层治理方面入手,对守信企业开启"容缺受理、即申即办"的审批快车道。目前,已实现政务审批、行业监管、民生服务三大领域的信用落地应用,涵盖生态环境、应急安监、社会事业等25

项审批服务事项以及社区场馆预约、新生儿参保等15项基层便民服务高频事项。由于信用可以为市场主体带来便利便捷与实惠，在建立有效的监管手段的基础上，市场主体在信用带来的便捷与实惠激励下主动不断完善、守护并提高自身信用状况，进而实现全社会信用水平不断提升的目的。

三 成都高新区"守信通"开展的主要工作及成效

（一）运行机制

1. 数据抓取，信用画像

一是多样化政务信用数据归集。秉承数据先行的理念，构建数据资源中枢，通过大数据共享交换，实现全区33个单位近20亿条数据归集，为构建全面、客观的信用评价体系提供重要数据支撑；同时，实现数据可用不可见的闭环流转，让数据在安全的前提下得到最大限度的运用。二是多维度市场主体信用画像。使用大数据和人工智能分析，构筑"企业+居民"诚信评分体系，从企业基础经营能力、履约风险能力、守信经营能力、个人特征、履约能力、志愿公益以及专属业务痛点等维度，为办事企业构筑立体化动态的信用画像。

2. 数据分析，重点比对

一是探索推进事项梳理上线。以"容缺受理"事项清单为切入点，梳理清单中高频办件事项，调研了解审批业务重点要点，分析现有数据对事项的应用支撑度，实施数据与事项业务的重点比对，研究信用赋能的可行性，分批推进事项上线运行。二是场景化构建信用评价模型。根据政务审批、民生服务、行业监管等领域场景的需求，分类构建场景专属信用评价模型，将信用评价嵌入承诺制审批环节，将行政处罚信息数据纳入评分指标，形成动态化的信用评级体系和评分模型。

3. 数据跟踪，全程服务

一是事前查询信用评分。"守信通"嵌入审批业务系统，办理指定事项时，自动匹配查询企业信用状态。二是事中优化办理程序。信用良好企业和信用不良企业实行分类审批服务机制，信用良好企业可享受容缺，快速受理办理。三是事后闭环审批数据。企业办事时的信用履约情况实时反馈"守信通"，将信用履约情况作为企业再次办理其他审批事项的信用依据，形成事前、事中、事后审批服务的数据闭环。

4. 数据共享，协同监管

一是数据共享打通"信息孤岛"。"守信通"在纵向上集成了国家部委，省、市政府机构及其他社会公开的信用数据，横向上汇集了区域工商注册、企业及个人信用信息、市场监管、司法及行政处罚等数据，部门间的数据融汇共享，进一步提高了政府部门的协同能力和效率，有效实现跨部门数据资源共享和开放。二是监管信息实时传递交换。"守信通"实时反馈企业在政府部门出现的行政处罚、涉案涉诉、抵质押与冻结等风险信息，实现各行业领域监管信息的实时传递和无障碍交换，为相关部门在实施综合监管过程的协同工作提供支撑。三是数据共享丰富监管方式。通过共享数据，促进各部门快速锁定监管重点对象，缩小监管范围，推进监管方式信息化，解决监管人员不足、监管效率不高等问题，构建"一处失信、处处受限"的联合惩戒格局，引导企业和居民遵信守信。

（二）具体流程

"守信通"快速审批模式的应用步骤与流程如图2所示。

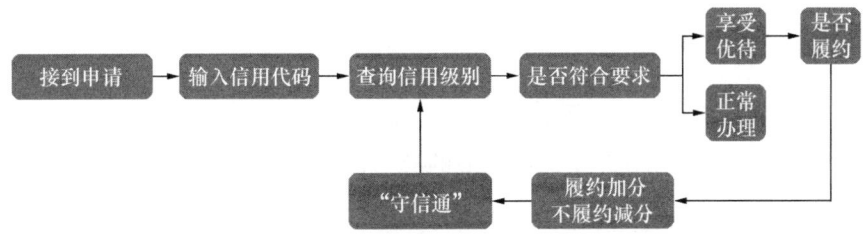

图2　成都高新区"守信通"快速审批模式流程示意

（1）"守信通"通过居民及企业之前在政府办事的相关记录，使用大数据和人工智能分析，多维度构筑立体化的信用画像，与此同时将专属事项业务痛点进行重点对比，形成具有成都高新区地方特色和政务服务行业特色相结合的评分模型。

（2）评价指标体系分别包含企业和个人信用指标体系。企业信用指标体系维度包含：企业基本信息、经营状况信息、竞争能力信息、行政信用信息、企业司法信用信息等。个人信用指标体系维度包含：个人基本信息、个人社会信用、个人职业信用、个人行政信用、个人司法信用等。

（3）企业或个人在办理政务服务事项时，柜台办事员只要通过"守信通"查询申请人的信用情况，对信用情况不符合的企业和个人，办事员会收到实时风险推送（见图3）。对信用情况符合要求的企业和个人，就可以享受到快速审批待遇，加快办事相关事项，以数据为依托实现全程服务及闭环监管，打造诚实守信的新常态，最终做到"有诚信申请即发证"。

图3 "守信通"平台事项办理界面

（三）主要创新

1. 以信用为基础，推进基层治理

为深入推进信用在政务服务领域的应用，"守信通"采用"信用＋政府服务"的创新模式，将国家"信易批"战略思想与成都高新区的实际情况相结合，构筑政务专属信用产品。希望以实利引导守信风气，通过行政审批服务的优化提升，撬动全高新区的信用体系建设，切实推进基层治理。

"守信通"采用的是"企业＋居民"一体化评价体系。除了常见的信用评价指标以外，还将"是否按时缴纳水资源税，设置招牌后是否通过验收"等业务的关注点和痛点均纳入信用评价规则中，形成动态信用评级体系和衡量标准，有条件的将许可证审批时间大大缩短。

2. 以信用为抓手，进一步深化区域社会治理

成都高新区一直在追求更有质量的营商环境，这种质量并不完全是单纯追求更高的审批速度，而是在长期的优化营商环境道路上，实现服务便民化和监管的联动及平衡。"守信通"就是在此背景下应运而生，以信用为抓手，在进一步压减办事时限的同时，让信用成为优化营商环境的新动能。"守信通"力求引导诚实守信的社会风气，打造高新区更有质量的营商环境，进而实现市域社会治理的目标。

3. 以信用为牵引，打造新型监管机制

"守信通"以信用为牵引，打通了政务服务过程中事前、事中、事后全流程监管。"守信通"依据市场主体的不同信用评价级别，实行分级分类监管，采取不同级别和颗粒度的监管措施。"守信通"以信用为衡量标准，用实利引导居民及市场主体可以正向有序地进行日常生活和经营活动，降低政府的监管压力。"守信通"将记录信用主体履约守规的反馈结果，通过业务系统实时反馈给"守信通"，建立闭环反馈机制。通过信用建立贯穿政务全流程的新型信用监管机制，通过"放管服"联动，实现效率和质量两者的平衡。

（四）取得成效

"守信通"是以成都高新区数据大会战为基础衍生出的第一个融合业务应用场景，从供给侧为社会提供高质量的信用产品，在实际应用中取得了"让数据多跑路，让企业和群众少跑路，把大数据与信用结合起来，应用于政务服务"的良好效果。

1. 打通数据壁垒，完善数据模型

"守信通"以信用为牵引，实现了政府部门间覆盖企业和个人的社会信用数据、政务服务数据、监管数据等多项数据的横向打通与共享，评价体系得到充分的数据支撑。目前,全区33个单位近20亿条数据归集,为完善信用评价系统提供了重要的数据支撑。同时在不断扩充完善数据维度基础上,构建面向政务审批、行业监管、民生服务三大领域10多个场景化专属信用评价模型,根据业务部门的个性化需求引入调整因子,实现基于"信用+大数据+人工智能"的精准化服务。未来随着场景的不断扩充,模型也将随之扩充完善,确保信用评价与场景有机融合。

2. 提高审批效率

"守信通"对信用情况符合要求的企业和个人,给予快速审批待遇,加速事项办理进程,提高审批时效,为审批部门实施容缺受理办理、承诺制审批提供辅助参考,为办事企业带来极大便利。自2019年11月运行以来,"守信通"平台共接入区级政务服务事项25个、民生服务14个、证明事项告知承诺25个,为政府各委办局提供信用数据支撑9万余次,提高事项办理时间最长从30天缩短至5天,其中个别事项压缩至现场即办,显著提升了办理效率和效果,获得了企业群众的好评,实现了基层治理的预期。

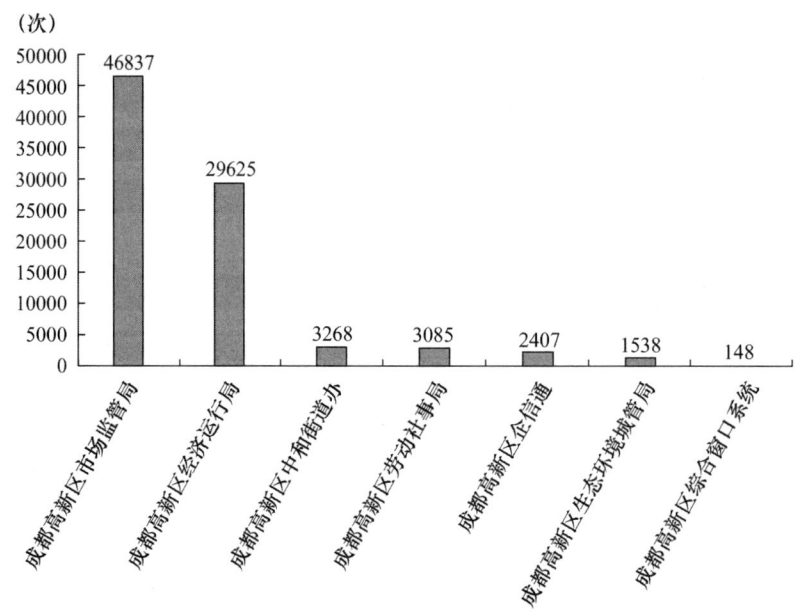

图4 "守信通"主要事项办理数据调用次数

3. 强化联合监管

"守信通"以信用为牵引、以信用数据作为审批的辅助标准,打通政务服务过程中事前、事中、事后全流程监管。依据市场主体的不同信用评价级别,实行分级分类监管,引导市场主体正向有序地进行日常生活和经营活动,营造了良好的信用生态环境,降低了政府的监管压力。通过"放管服"联动,实现效率和质量两者的平衡,通过信用建立贯穿政务全流程的新型信用监管机制,优化营商环境,达到市域社会治理的目的。

四 "守信通"探索过程中存在的问题与面临的挑战

(一)专属业务差异增加了事项扩展与推广难度

不同的政府部门在政务服务事项和业务流程机制上存在较大差异,在事项扩展和推广方面增加了难度。在"守信通"项目中,根据不同的专属业务特点,与相关部门展开深入调研与探讨,寻找出业务痛点,再以信用为主线,制定和梳理出最适合的个性化的流程与处理方案,具有成都高新区地方特色和政务服务行业特色相结合的新模式的特点。

(二)缺乏相关法律法规或制度的支持和保障

随着"守信通"项目的逐步深入和不断推进,数据作为支撑前端业务应用的基础,逐步从政务公开数据、企业公开数据等浅层数据类型,向企业画像、个人画像、社会数据、交易行为数据等深层次数据延伸,已经进入企业和个人数据使用的深水区,而目前国家在此类数据的使用主体、权限界定、方式方法、管理机制等方面还缺少健全的法律法规。

五 下一步工作的思考与展望

"守信通"的建设对于成都高新区建设以信用监管为核心的新型监管机制，提高社会信用水平有巨大意义，通过归集政府侧、市场侧的公共信用信息数据，建立科学、先进的评信机制，并将信用评价产品与行政审批场景相结合，以信用机制作为市场机制的有益补充，在市场机制失灵的情况下能够规范市场主体的行为，引导市场主体守信践诺，是市场经济健康有序发展的坚实保障。信用机制通过容缺办理、绿色通道、证明告知承诺等应用，降低守信市场主体的成本，增加失信成本，在营造守信践诺的经营环境的同时，进一步降低了政策性交易成本，提高了市场活跃程度，营造更优势营商环境。通过信用体系建设工作为企业减负，为社会经济稳定健康发展奠定更为坚实的基础。下一步，成都高新区将持续探索，从以下几个方面推进"守信通"的建设与应用工作。

（一）建立完善工作机制

制定完善工作机制，进一步明确工作职责、评价体系、评分标准，规范事项办理流程、事后监管流程以及信息安全隐私保护规则，为"守信通"在政务服务领域中的持续推广应用提供制度保障，邀请信用领域专家学者对"守信通"理论体系、信用评价指标及评价模型进行评审、论证，进一步夯实"守信通"理论逻辑基础。

（二）扩大事项应用范围

逐步试点推广，除生态环境、应急安监、社会事业等政务服务事项外，持续扩展"守信通"在政务服务领域应用，梳理更多高频事项，探讨通过"守信通"优化事项办理流程，简化办事材料。探索"守信通"在民生、企业服务等领域的应用，孵化更多信用应用场景。

（三）拓展覆盖范围领域

探索"守信通"平台进园区，通过"守信通"信用体系模式，将企业信用纳入高新区产业孵化器办公场所、产业园区招商，让守信主体优先享受区内的优质资源和政策福利，并逐步推进在其他领域实现联合奖惩，打造优质诚信园区、诚信社区典型，有效激发市场主体活力，进一步凸显"守信通"在市域社会治理与基层治理领域的意义。

市场主体全生命周期信用监管机制营造"依法监管、规范高效"市场环境的探索与实践
——以青白江区为例

成都市青白江区市场监督管理局
成都市青白江区发展和改革局

摘　要：建立健全贯穿市场主体全生命周期，衔接事前、事中、事后全监管环节的新型监管机制是深入推进"放管服"改革的要求，有利于进一步规范市场秩序，优化营商环境，推动高质量发展。本文通过对市场主体事前信用审管联动、事中信用差异监管、事后信用联合应用阐述成都市青白江区建立市场主体全生命周期信用监管机制创新举措，以期为建立以信用为基础的新型监管机制提供一定的参考。

关键词：信用监管　全生命周期监管　市场监管

一　创新市场主体全生命周期信用监管机制的背景

2019年全国两会召开，"信用监管"首次被写入政府工作报告。国务院办公厅印发《关于加快推进社会信用体系建设构建以信用为基础的新型监管机制的指导意见》，提出了四个方面政策措施：一是创新事前环节信用监

管,包括建立健全信用承诺制度,探索开展经营者准入前诚信教育等措施。二是加强事中环节信用监管,包括全面建立市场主体信用记录,建立健全信用信息自愿注册机制等措施。三是完善事后环节信用监管,包括健全失信联合惩戒对象认定机制,督促失信市场主体限期整改等措施。四是强化信用监管的支撑保障,包括提升信用监管信息化建设水平,大力推进信用监管信息公开公示等措施。

2020年11月,国务院常务会议确定完善失信约束制度、健全社会信用体系的措施,一是科学界定信用信息纳入范围和程序。将特定行为纳入公共信用信息,必须严格以法律、法规等为依据,并实行目录管理,向社会公开。行政机关认定失信行为必须以具有法律效力的文书为依据。二是规范信用信息共享公开范围和程序。信用信息是否以及在何种范围共享和公开要坚持合法、必要原则,并在编制信用信息目录时一并明确。三是规范严重失信主体名单认定标准,按照有关规定严格限定为严重危害群众身体健康和生命安全、严重破坏市场公平竞争秩序和社会正常秩序等方面的责任主体,不得擅自增加或扩展。具体认定要严格履行程序。四是依法依规开展失信惩戒,确保过惩相当。对失信主体采取减损权益或增加义务的惩戒措施,必须基于失信事实、于法于规有据,做到轻重适度,不得随意增设或加重惩戒,不得强制要求金融机构、信用服务机构、行业协会商会、新闻媒体等惩戒失信主体。五是建立有利于自我纠错的信用修复机制。除法律法规等另有规定外,失信主体按要求纠正失信行为、消除不良影响的均可申请信用修复。对符合修复条件的,相关部门要按规定及时移出失信名单。六是加强信息安全和隐私保护。严格信用信息查询使用权限和程序,严肃查处泄露、篡改、毁损、窃取信用信息或利用信用信息谋私,严厉打击非法收集、买卖信用信息违法行为。会议要求,各地各有关部门要抓紧清理已出台的失信行为认定、记录、公开、惩戒等措施,不符合要求的要及时规范。

2021年,国务院、市场监管总局先后公布《中华人民共和国市场主体登记管理条例》《市场监督管理严重违法失信名单管理办法》《市场监督管理行政处罚信息公示规定》《市场监督管理信用修复管理办法》等法律法规，着力构建放管结合、宽严相济、进退有序的市场监管部门信用监管新格局，推动建设以信用为基础的市场监管长效机制，维护公平竞争市场秩序，激发市场主体活力，促进高质量发展。

成都市青白江区以此为契机，在市场监管领域建立健全市场主体全生命周期的信用监管机制，倒逼市场主体加强信用管理，履行信用义务；同步实行信用积分实施分类监管，有效缓解大量增长的市场主体和有限监管力量之间的突出矛盾，促进企业自治、社会监督、市场监管共同发力，有利于打造遵守法律、遵守契约、诚实守信、公平竞争的市场环境。

二 主要工作内容

（一）事前信用审管联动

深入推进商事登记制度改革，创新"准入即准营"，实施审批替代型、容缺受理型、证明替代型等信用承诺登记改革，诚信企业全面实现"0费用开办、2小时领照、4小时营业"，推动企业在准入源头环节即树立诚信意识，争做守信企业。

1. 明确事项，制定标准

筛选29个通过事中事后监管能够纠正不符合审批条件的一般审批事项，制定《青白江区承诺即准营事项清单》，统一工作规程、办事指南、文本模板、监管办法，明确办理条件、不实承诺应承担的责任、事中事后核查的标准和方式，申请人作出承诺并提交相关材料后，审批部门当场作出行政许可决定，许可事项平均办理时间由20天压缩为当场办结。

2. 明晰环节，分类推进

实施名称自主申报制，申请人主动填报《企业名称自主申报信用承诺书》，承诺遵守《企业名称登记管理规定》《企业名称禁限用规则》《企业名称相同相近比对规则》等规定并承担相关法律责任，免予名称预先核准登记。实施住所申报承诺制，申请人只需填报《住所（经营场所）信息申报登记承诺书》，"一表申报、一项资料"，不用再提交房屋产权证明、租赁合同等住所（经营场所）使用证明。实施证明事项告知承诺制，对审批涉及相关证明事项采取申请人书面告知承诺、审批部门通过信息共享、部门间核查、电话核查等方式，减少证明事项提交。实施审批事项告知承诺制，一次性告知申请人审批条件和所需材料，对申请人承诺符合审批条件并提交有关材料的，当场办理审批，减少群众往返跑路。2021 年，市场主体签订各类承诺书 19422 份，办理承诺即准营 175 件。

3. 明确职责，审管联动

市场主体主动履行诚信守诺义务，在承诺期限内主动补齐相关申请书件，或达到法定条件后再从事特定经营活动。依托"互联网＋监管"平台建立审管联动机制，实现审批、监管、执法信息互通互联。审批机关按照"谁记录，谁公示"原则，将企业承诺内容及时向社会公开方便社会监督，并同步将产生的"准入即准营"主体数据推送至监管部门建立检查对象库，实施双随机抽查。监管部门发现信用承诺主体实际情况与承诺内容不符的责令限期整改，逾期不整改或整改后仍达不到要求的应及时反馈，由审批机关依法撤销许可证件，构建"双抄告、双跟踪、双反馈"的审管联动机制。2021 年，制定年度双随机抽查计划 65 个，计划组织实施信用监管 3000余户。

（二）事中信用差异监管

依托四川省市场监管一体化平台、成都市市场主体智慧监管平台等信息化系统，开展"双随机、一公开"部门联合监管和信用信息分类监管，切实构建守信"无事不扰"、失信"利剑高悬"的信用监管格局。

1. 构建积分规则，实施差异化智慧监管

依托成都市市场主体智慧监管平台，实现与国家企业信用信息公示系统、四川省"互联网＋监管"平台等信用信息系统的数据互联互通，以统一社会信用代码为关联码，将税务、交通、教育、劳动监察等 20 个领域内

的准入登记、行政许可、监管执法等涉企信息归集于市场主体名下。推进《成都市市场主体信用积分综合评价管理办法（试行）》应用，综合规则信用积分和智能信用风险指数情况，实现全区 16 万余户市场主体信用积分管理和动态调整。根据市场主体信用积分高低，将企业公共信用等级分为 AAA、AA、A、BBB、BB、B、C、D 四等八级，结合监管特点、风险程度、信用评价等，分类确定监管内容、方式和频次，采取差异性监管措施，实施信用分级分类监管。

2. 以智慧监管破题，实施信用信息定向抽查

2021 年，率先在全市完成了辖区 2330 户企业即时信息公示监管工作，实现了全覆盖。应用四川省市场监管一体化工作平台的"前哨"预警作用，开启触发式监管。若企业未在法定时限 20 日之内自主公示股权转让、行政许可、行政处罚等信息变更情况，则即时启动触发机制，系统立刻提示风险监测预警，并自动关联风险企业信息形成监管对象库。通过官方微信公众号、印发宣传手册、发送提醒短信等多种方式，向监管对象库内企业发布信息公示操作教程等宣传资料，并通过强化审管联动、定向双随机抽查、主动服务企业等方法，开启触发式、精准化且具包容性的审慎监管模式。创新建立双随机任务执行进度动态监督统计机制，定期通报、反馈任务执行情况、存在问题，确保任务高质量完成。编制《企业信息查询教程》《企业即时信息公示填报流程》等相关资料，加强执法人员培训工作，强化随机监管后处理，指导企业主动纠正相关违法违规行为。对失联企业和逾期未完成整改企业，按规定列入企业经营异常名录，形成监管闭环。全年共完成抽查任务 2994 条，完成率达 100%；督促企业履行自行公示信息 1986 条，公示率为 66%；列异 23 户企业，处置率达 100%。该项工作于 2021 年 11 月 15 日，被《科技日报》以《成都青白江：以智慧监管全覆盖企业信息公示工作》为题做了专题报道。

3. 严守安全底线，实施全覆盖重点监管

结合疫情防控要求，率先建立全省规模最大的进口冷链食品集中监管仓，对进入青白江区的进口及国内中高风险地区冷链食品实施全面核酸检测和预防性全面消毒,引导全区所有冷链食品生产经营单位100%入驻"川冷链"溯源平台,实行"集中监管仓＋库长制"模式,实现智能监管。在监管仓,食品、人员、车辆等均纳入精准严密监管。仓内人员上岗前须接种疫苗,入仓时须扫码、亮码、戴口罩,在仓内居住期间,实行单人单间,每3天进行一次核酸检测。检测人员、消毒人员、司乘等非密切接触人员也按要求进行核酸检测。仓内重点部位全时段全覆盖监控,环境每日消毒不少于2次、核酸检测不少于20个样本。实施关口前移,将入仓的每辆车作为一个"独立小监管仓",入仓时全面外体消毒,入仓后待食品及包装物、人员和车辆核酸检测呈阴性后,开展卸货和预防性全面消毒,降低货物因多次转运带来的风险、减少企业时间成本、缓解冷库仓储压力。针对银犁市场冷链首站企业多的实际,在监管库内开辟独立空间,创新设立"首站企业专库",鼓励引导全区进口冷链食品首站企业库房进驻,减少中间转运环节,由冷链专班对首站企业实行加强版监管,最大限度降低风险。2021年,在全省冷链食品疫情防控会上青白江作为唯一区县交流发言,黄强省长亲自到青白江进行现场指导。

(三)事后信用联合应用

1. 加强失信联合惩戒,以严格管理促企业守信

落实《全国失信惩戒措施基础清单(2021年版)》,将信用联合惩戒嵌入行政审批、公共资源交易等领域,依法依规实施市场或行业禁入、职业禁入或从业限制等3类14项160条惩戒措施,如对特定领域重大违法违规行为自然人,依法依规禁止担任相关企业法定代表人或董监高职务等。创新推出"信易批""信易贷""信易租""信易聘""信易税""信易贴""信易认""信易住""信易采""信易监管"等14个信用服务应用场景,以信用赋能助力信用综合应用,开展联合惩戒。针对信用良好的中小微企业缓解融资难、融资贵问题,在税务、农业、政府采购等领域推出"银税互动""农贷通""政采贷"等信用贷款产品,助推守信企业成长。对涉疫审批实施"信易批",缺少非关键性材料或材料存在缺陷、瑕疵的,实行容

缺受理、特事特办,提高企业获得感。实行评先选优和招聘一票否决制,明确"曾受过党纪、政纪处分或行政刑事处罚""有违法违纪行为正在接受审查"等否决条件,优先考虑信用良好人员,信用不良的不予评选或录取。加大援企稳岗力度,保市场主体稳定就业,线上采取"免审即享"方式,通过大数据比对审核企业信用信息,补贴直接发放至企业账户;线下通过企业提交信用报告,并在"信用中国"等网站验证信用信息,确保企业应享尽享。2020年至今,享受援企稳岗返还政策的企业有5872家(次),涉及金额8506.55万元。2021年,归集区级部门监管行为事项92项、行为数据10569条、严重失信名单114条,实现失信惩戒措施清单任务智慧化管理。

2. 拓展信用场景应用,以包容减负助企业成长

全省首创经营异常名录信用修复"云办理""零见面"新模式,对因地址失联被列异常企业凭地址变更后的营业执照免予实地核查,2021年办理移出异常名录101件、解除异常经营状态个体户76户。《市场监督管理信用修复管理办法》实施后,在全市率先开展区县级市场监管领域企业行政处罚信息信用修复"零见面"工作:满足修复条件的企业主动提出申请并书面承诺,通过官方公众号完善相关文书、表格,按要求备齐全套资料,采取在线提交或邮寄的方式至市场监管部门;经市场监管部门核查,出具同意修复意见和盖章后返还申请人;按照《信用中国(四川成都)网站行政处罚信息信用修复流程》,申请人通过线上方式修复"成都信用"网站上的行政处罚信息,其结果经推送后同步修复国家企业信用信息公示系统(四川)上同一行政处罚信息,实现信用修复全程不见面、零接触。2021年以来,受理企业行政处罚信息信用修复申请109件,修复率达100%。印发《关于全面推广行政处罚"三张清单"制度推进包容审慎柔性执法的通知》,2021年,通过说服教育、劝导示范等方式开展柔性执法2万余件,办理不予处罚12件、减轻处罚15件、从轻处罚46件。

3. 严格准入退出管理,实施信用全流程约束

依托四川省"互联网+监管"平台和成都市市场主体智慧监管平台等业务系统建立联合惩戒数据库,实现成都市848项联合惩戒目录和措施清单

的任务触发、实施、反馈、查询等自动应用的全流程智慧化管理。强化市场主体退出审核，依法开展一般注销或简易注销，建立简易注销负面清单，对涉及清单之内的市场主体严格落实一般注销程序；对存在异议的简易注销企业及时终止注销流程，且不得再次申请简易注销登记。对在注册登记中隐瞒真实情况、弄虚作假的企业严肃查处，构成犯罪的依法追究刑事责任，并通过国家企业信用信息公示系统公示相关监管执法信息。

三 工作成效

通过事前引导市场主体实施信用承诺并对外公示，主动接受社会监督，增强了市场主体第一责任人意识，提高信用自觉；事中实施信用分类监管，把有限的监管资源配置在需要监管的重点领域、重点环节、重点对象上，切实做到监管效能最大化、监管成本最优化、对市场主体干扰最小化；事后实施信用联合奖惩，对守信主体实施"信易贷""信易批""信易贴"等奖励措施，对失信主体在项目招投标、补贴申报等领域予以限制，切实构建"守信一路畅通，失信处处受限"的信用格局。

四 创新及亮点

（一）事前"信用＋准入"同步，以服务型监管理念夯实信用监管基石

在全省率先开展全域信用承诺，将市场主体信用与政务服务相结合，形成事前信用承诺与事后信用监管的有机衔接，着力引导市场主体从准入伊始就充分认识信用状况对自身发展的影响，增强市场主体的诚信意识、责任意识，提升守法守信、诚信经营的主动性、积极性。

（二）事中"信用＋监管"融合，以智慧型监管理念践行信用分类监管

实施信用积分管理，深入推进信用分级分类监管、风险分析智慧监管，

拓展"两库"创新"双随机、一公开"监管新模式，构建"无处不在、无事不扰"的信用监管环境。

（三）事后"惩戒+修复"联动，以包容型监管理念实施信用综合运用

在全省率先开展行政处罚信息信用修复，建立信用联合惩戒机制，归集事前、事中环节产生的信用信息，综合分析、合理运用，以信用联合惩戒助力保主体、稳经济，减轻疫情影响。

五 下一步工作的展望

随着"放管服"改革和营商环境建设的持续深入推进，市场主体发展迅猛，目前全区实存各类市场主体约16万户，加之新产业新业态新模式蓬勃发展，对市场监管部门监管资源、监管能力、监管智慧化水平提出了更高要求。为有效破解监管任务重与监管力量不足的矛盾，进一步提升监管效能，建设高标准市场体系，创新和加强事前事中事后全链条全领域监管，青白江区将深入落实市场监管总局《关于推进企业信用风险分类管理进一步提升监管效能的意见》，根据监管对象信用风险等级和行业特点，实施分级分类监管，针对突出问题和风险隐患加强抽查检查，实现监管资源合理配置和高效利用，推进精准监管、有效监管、智慧监管、公正监管，提升监管综合效能，更好服务经济社会高质量发展。

"信托制"深化党建引领小区信义治理的探索与实践
——以武侯区为例

中共成都市武侯区委社区发展治理委员会
成都市武侯区发展和改革局

摘　要：频发高发的物业纠纷矛盾暴露出传统物业模式在运转过程中的信任危机，为重塑居民与物业间的信任关系，武侯区委社区发展治理委员会以问题为导向，以"信托制"物业服务模式为抓手，重构小区"业主—业委会—物业公司"三方主体关系，充分发挥党建引领作用，保障居民主体地位，坚持多元主体参与，建立公开透明、开放参与、信义为本的制度机制，使业主权益和小区公共利益最大化，实现小区层面的"还权、赋能、归位、固本"，为小区治理实践奠定基础。

关键词：信义治理　小区治理　"信托制"物业

习近平总书记指出："党的工作最坚实的力量支撑在基层，经济社会发展和民生最突出的矛盾和问题也在基层，必须把抓基层打基础作为长远之计和固本之策，丝毫不能放松。"[①] 小区作为基层治理的"微细胞"，是基层治理的出发点和着力点。近年来，武侯区坚持以习近平新时代中国特色社

---

① 姜晓萍："加强基层治理体系和治理能力现代化建设"，《光明日报》，2021年8月17日，第6版。

会主义思想为指导，认真贯彻落实中央和省委、市委关于党建引领基层治理系列重大决策部署，坚持重心下移、源头治理，以与居民生活紧密相关的居住小区院落治理为关注点，以传统物业模式下物业矛盾纠纷多发高发、老旧院落自治管理暴露信任危机等问题为突破口，创新以信义关系重塑推动小区善治的信义治理新模式，通过党建引领、信义再造、公开透明、开放参与的小区治理制度化渠道，推动党政部门、自治组织、小区居民、物业公司等还权归位和赋能增效，不断提升小区院落治理的有效性，实现小区治理人人有责、人人尽责、人人享有。

一 武侯区"信托制"物业服务模式实施背景

随着城镇化进程的加快，小区成为日常生活的最主要场景，也是当前人口高密度聚居地、服务多元化需求聚合地、社会矛盾高发地。小区物业服务是实现小区功能、展现小区品质、实现小区治理的基本保障，物业服务品质直接影响人民群众的幸福感与获得感。据中国消费者协会2019年对全国36个城市的148个住宅小区和4320个消费者（业主）的满意度调查显示：住宅小区物业服务综合满意度得分为62.59分，仅处于及格水平；超过1/3的住宅小区物业服务满意度为不及格。2021年"3·15"央视调查显示，70%以上的受访者对物业管理不满意，其中近50%很不满意。从武侯区的情况来看，年均市民投诉量为6000件左右。

究其原因，传统模式下小区治理结构基本表现为物业企业与业主间"强—弱"关系错位格局。一是物业服务企业与小区居民没有形成"对等的关系"。小区治理主体的长期缺位和单个业主权利的实际悬浮致使物业企业在小区治理中实际上处于"监管"真空状态，本该以忠诚、勤勉、有效、透明、担当为坚守的物业企业往往成为现实中的逐利者，且因业主个体无力和业主大会失能，物业逐渐形成"强势"势力。二是小区治理参与的冷漠化、临时性和分散性。业委会成立率低，履职到位率低，甚至有的业委会成员被物业企业收买，危害小区全体业主的共同利益，而小区内无法形成能够对物业服务机构起到制衡和监督的专业化、持续化和有效性的机制。三是小区资金不透明。小区资金"暗箱操作"，物业费收支不透明、公共收益被滥用等问题，导致了业主与业委会以及物业企业间都存在严重的"信任赤字"，不仅造成小区品质早衰贬值，还给人民生命财产带来了巨大风险。

为破解这一难题，武侯区委社区发展治理委员会于2018年10月启动"信托制"物业研究，2019年5月立项试点，到2020年6月成功落地7个小区并在全市交流推广。截至2022年2月，武侯区落地32个小区，全市落地102个小区，北京、海南等全国多地学习推广。在此基础上，针对暂不能实施"信托制"模式的物业小区推行公共收益公开透明管理，针对没有物业管理的自治院落推行自治管理经费公开透明管理，小区信义治理机制进一步完善。

二 主要做法

武侯区"信托制"物业的导入与运行是以党建引领为前提和基础，从治理逻辑角度出发，探索实践形成小区信义体系构建、"信托制"物业运行和小区善治模式的集成体系。

（一）坚持党建引领，重构小区信义关系

针对小区治理主体多元、诉求多样、利益复杂的实际，以小区党建"四有一化"专项攻坚为契机，建强党组织领导核心，统筹协调各方关系。一是党组织搭台协商聚共识。由党组织牵头，搭建党组织、业主委员会、民情议事会、居民代表、物业企业等治理主体有效参与的议事平台，通过摆龙门阵、开展小区营造、上门走访、微信群发等方式，发掘居民骨干，做好小区居民的宣传动员工作，让居民充分了解"信托制"物业模式，

以坝坝会、协调会、议事厅等协商方式，了解各方态度，形成意见归集、磋商管理模式，共同协商决定开展"信托制"物业工作。在"信托制"物业导入过程中，武侯区锦里社区坚持"居民是社区治理的内生力"，通过选举院落代表、组成院落委员会、组织党员对院落代表进行培训和引导，真正做到赋权于民、权责一致，充分激发了居民自治活力，形成了实实在在而非流于形式的基层协商氛围。

二是党组织全程领导把方向。街道社区党组织牵头研判小区院落导入"信托制"物业服务模式的可行性，组建导入推进小组，及时协调解决导入过程中存在的困难问题；在小区居民自决基础上，党组织全程介入选聘物业、拟制合同、商讨物业管理和收费标准、确定公开形式和监督方法等关键环节，确保信托治理模式落地不偏向、实施不走样；支持引导社会组织进入小区以社区营造方式宣传推广信托治理模式，通过走访调研、协助业委会开展"信托制"工作。如火车南站街道在辖区内开展"信托制"物业导入工作时，发挥街道党工委的统揽作用，整合资源，协调解决推进过程中遇到的重大问题；社区党组织牵头，通过专题培训、观摩学习等方式，统一小区党组织、小区业委会的思想认识，增强认同感；小区党组织书记带头，成立以小区党员为核心的信托物业服务宣传小组，通过小区坝坝会、微信群、宣传栏等多种宣传方式，让信托物业服务的理念深入人心，夯实"信托制"物业落地的群众基础。

三是制度化重构信义新关系。针对核心问题，创新将信托理念引入物业体系，通过合同约定，将原来居民与管理主体的双方购买服务关系，转变为业主大会（全体业主）为委托人、物业企业为受托人、全体业主为受益人的三方信托关系，将社区（小区）党组织、居委会及律师、会计师等第三方设为小区物业监察人，享有与业主同等的监督评议权，拓展党组织和社会主体参与小区治理的制度化渠道，建立以信任和忠诚为基础的长期稳定合作关系，让物业企业回归"忠诚管家"角色，让全体业主做回"小区主人"。如龙凤呈祥物业在进入颐和雅居之初便注重对"信义理念"的实践，以合同形式约定三方主体关系，坚持资金使用收支透明，线上使用成都"信托制"物业服务信息公开平台，达到实时同步更新，线下在小区公示栏按月定期公开公示，确保使用流程有迹可循，将物业公司与业主由"对立"关系变为"合作"关系，最终构建小区治理共同体。

（二）坚持居民主体，健全群众自治机制

针对传统物业模式下服务质价难度量、公共收益易受侵、自治权益难保障等问题，从根本上变革制度设计，从根源上破解治理困境。

一是建立共有基金重构财产权属关系。将物业费、小区公共收益等设为共有基金，属小区全体居民所有，除双方协商确定一定比例（一般为管理服务总支出额的8%~15%）酬金外，其余全部用于小区维护和管理服务，在实现服务质价相符的同时，将全体居民以共有基金为纽带连接成为利益相关共同体。如凤华苑小区，每月物业费和公共收益约10万元，包干制下，物业公司每月利润约4.5万元，用于物业服务的资金只有5.5万元；改为"信托制"后，按照约定15%的酬金比例，物业公司每月酬金1.5万元，用于物业服务的资金则提高到8.5万元，增幅达54%。

二是实行开放管理保障居民自主权利。将小区共有基金使用权益写入合同约定，组织小区居民、自治组织一起参与开放式预算的编制，制定小区共有资金收支计划，确定小区管理服务标准，让居民明白"交多少钱、做哪些事、享受什么样的管理和服务"，确保小区共有收益由小区居民自主决定。同时，根据开放式预算制定物业服务质量管理体系，对整个服务流程进行科学有效的控制，增强物业管理人的管理水平和专业技能，提升服务意识和服务质量，切实保护业主的根本利益。例如2020年10月，凤华苑业主们出于对"信托制"物业企业的信任，以及"多花点钱，享受更好服务"的需求，主动提出上涨物业费，最终以业主大会73%的赞成票，同意每平方米上调0.3元，涨幅达到37%。

三是搭建公开平台增强居民监督合力。在实行共有基金"双密码"账

户管理基础上，研发上线智慧小区信息平台，业主可以随时在线查看小区每一笔收支账目，以及所有财务凭证，大到分门别类的总账，小到保洁物资的采买等，所有数据实时更新，全部账目明明白白。对居民提出的财务收支质疑，物业企业负有自我举证义务，不能自证清白的将承担相应责任，这极大降低了居民监督成本，物业企业、业委会再没有"暗箱操作"的空间。目前，已导入的32个小区均按照公开透明的方式落实年度预算和服务质量管理体系，在征求居民意愿的前提下，其中31个小区选择在成都"信托制"物业服务信息公开平台公示年度预算、小区缴费名单及账户余额等相关信息。

（三）坚持多元参与，培植小区治理生态

针对物业纠纷小区多、"信托制"物业需求大，但群众知晓度低、承接社会主体少等问题，通过综合施策、整体发力重塑良好治理生态。

一是实行监察人制度。通过合同约定，将社区（小区）党组织、居委会成员以及律师、会计师等专业人士聘为小区监察人，享有与小区居民同等的监督权，可以随时监督小区自治组织、管理主体的权力运行、财务收支和管理服务等情况，从而为政治力量和社会力量有序介入小区治理提供了合法渠道，同时确保了信义治理监督有效有序。如成都智乐物业服务有限公司作为颐和雅居的监察人，定期对小区账目进行审核，并核实流程是否规范、是否按质量管理体系执行。

二是培育小区治理主体。出台全国首个社会企业专项扶持政策，开发"信托制"物业保险项目，提高企业抗风险能力，积极推动物业主体向社会企业转型、从纯营利性向准公共服务性转变。成功支持培育成都智乐物业服务有限公司、成都信义花物业服务有限公司、四川龙凤呈祥物业管理有限公司等3家公司转型为物业型社会企业。其中，全市首家物业型社会企业成都智乐物业服务有限公司在2年多时间里，承接"信托制"物业项目从1个发展到近20个。浆洗街街道七道堰社区通过社区居委会全资成

立的四川杞稻焰社区服务有限公司，已承接了燃灯寺东街 3 号院等相邻的 4 个院落的物业管理服务。创新"物业＋社工"模式，发挥社工专业优势，通过与小区党组织、管理主体合作，持续开展小区营造，引导居民积极参与到小区规约修订、议事规则制定、物业企业招募、小区预算编制等小区治理重要事项中，不断提高居民自治能力，逐步改善小区人际关系和生活环境。

三是聚合外部推动力量。成立全省首家区级社区基金会，通过与小区治理专家、信托法专家等合作，深入研究"信托制"物业模式的法理依据和实施路径，编制《信托制物业服务指南》，印发《关于探索基于居民自治的小区（院落）信托制物业服务模式的工作方案》，形成"技术说明书""建筑施工图"，分类开展业务培训。设立 500 万元小区治理专项基金，开展社区治理公益创投，先后引导 20 余家社会组织参与小区推广，不断提高"信托制"物业模式社会参与度。成立成都社区信义治理学院，以教学和实训相结合的方法，培养社区信义治理干部以及能开展社区营造行动、建立邻居间信任和互助关系的社会工作者，面向物业服务企业培养项目经理人，面向小区院落培养明法律、会监督、懂物管的业委会委员，由此助力多元主体从冲突走向善治之路。目前已面向全市 40 多名社区工作者、物业经理人、社会组织人员开展了第一期培训工作。

三　工作成效

经过近 3 年的探索实践，目前武侯区已导入"信托制"物业服务模式的小区共有 32 个，其中商品房小区 10 个（31.25%）、拆迁安置小区 9 个（28.125%）、老旧小区 11 个（34.375%）、小产权房小区 2 个（6.25%）（见图 1）。从不同推进实施阶段看，武侯区 2019 年导入 6 个小区，2020 年受疫情影响仅导入 3 个小区，2021 年导入 20 个小区，截至 2022 年 2 月，全区已累计导入 32 个，占全市累计导入数量的 31%（见图 2），总数名列第一。

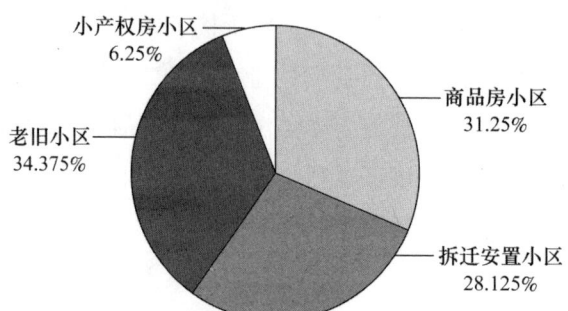

图 1 成都市武侯区导入"信托制"物业小区情况

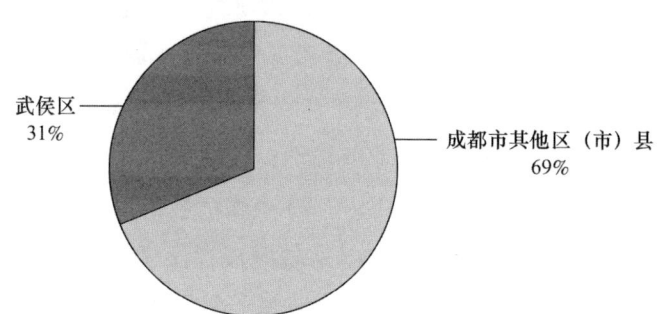

图 2 成都市导入"信托制"物业小区情况

经过对已导入的"信托制"物业小区的持续跟踪,有以下几个方面的明显变化。

一是物业缴费率明显提升。以导入 1 年及 1 年以上的 14 个小区为例(以下均是以此为样本),平均缴费率达 90% 以上,均有不同程度的增长幅度,其中武侯祠东街 2 号院等 2 个小区突破零缴费率(见图 3)。

二是矛盾纠纷数量大幅下降。公开透明让小区收益支出清晰明了且随时查看,消除了大多物业公司、业委会和业主间的相互猜忌,继而减少了矛盾纠纷,促进小区和谐稳定。经统计,各类小区矛盾纠纷数量平均值分别从 9.2 件、12 件、12.8 件、10 件降低为 2.7 件、6 件、1.8 件、1 件(见图 4)。

三是居民满意度大幅提高。按照不同小区类型进行分类,商品房小区、拆迁安置小区、老旧小区和小产权房小区的平均居民满意度大幅提高,分别从原来的 55.75%、60%、35%、45% 增加为 89.5%、88%、88%、98%(见图 5)。特别是老旧小区发生了翻天覆地的变化,从原来无人管理、基本

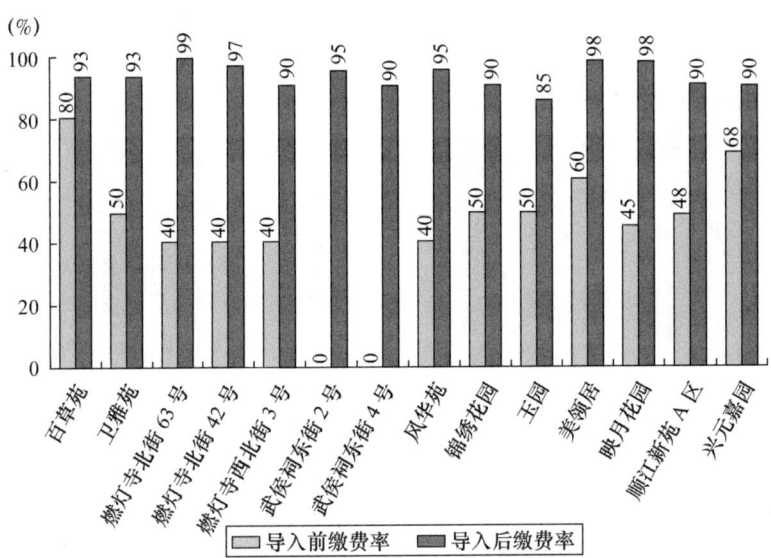

图3 成都市导入"信托制"1年及1年以上的小区缴费率变化情况

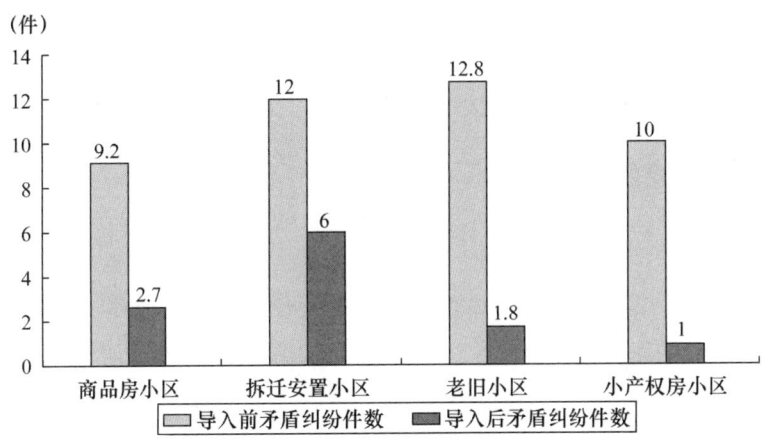

图4 成都市小区导入"信托制"物业前后平均矛盾纠纷件数变化情况

清洁卫生无法保障的局面,到现在有物业企业提供专业管理,小区(院落)处处有新貌。

总体来看,"信托制"物业小区普遍实现了物业缴费率提升、服务水平提升、居民满意度提升和物业矛盾纠纷大幅下降的"三提一降"目标。目前,"公开透明、开放参与、信用为本"的物业服务原则已写入《成都市社区发展治理促进条例》。武侯区的探索实践得到省委办公厅、省委深改办、

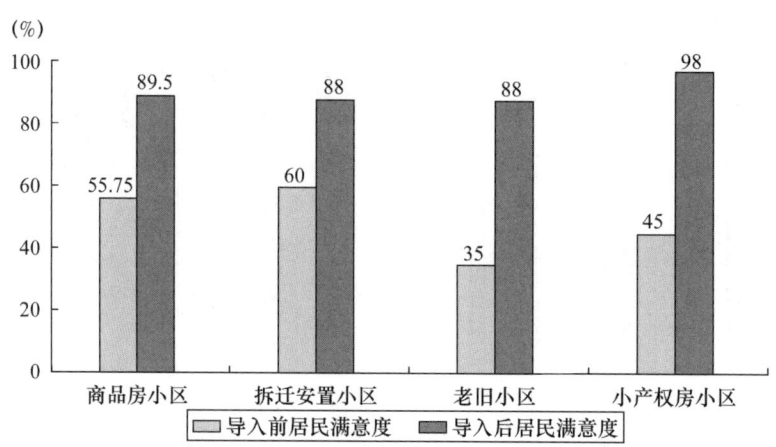

图 5　成都市小区导入"信托制"物业前后平均居民满意度情况

市委办公厅、市委深改办的专题刊发，武侯区信托物业服务模式得到《中国社区报》《社区》《四川日报》《四川党的建设》《先锋》等国家、省、市媒体的专题报道，武侯案例先后获评 2020 年"全国落实'六保'任务创新案例"、"全国市域社会治理创新优秀案例"和"第二届'中国城市治理创新优秀案例'优胜奖"。

（一）实践成效

一是构建了小区治理新体系，形成了职责明晰的治理共同体。"信托制"物业以基层党建为核心的治理体系创新，推动业主、业委会和物业企业共商共治，明确了基层治理主体的职责，破解了传统上基层治理职责不明确、权责不清晰、资源不集中的问题。政府部门是引导者，是做好"信托制"物业服务导入中的统筹引领者；社区"两委"是监察人，从物业服务管理的"局外人"变为监督物管公司行为的"当事人"；社会组织是协调者，作为第三方陪伴"信托制"物业落地，助力社区营造建设；物业公司是执行者，物业管理人被重新定义为基于信义的永恒管家；全体业主是委托者，也是监管人，受益权、监督权与诉权回归居民，居民成为物业共同投资的主人。如美领居小区在导入"信托制"的过程中坚持党建引领，对小区各方主体精准赋能，助力业委会回归本位，与物业公司达成权责划分共识,发挥社区、社会组织和社工的重要陪伴作用,培育业主的主体责任意识,最终形成了高效有序的小区治理新体系。

二是消除了信息不对称造成的信任缺失,形成了持续有效的治理新动力。显现社区营造活力,"信托制"物业模式通过"三级透明"构建起民众之间的信任关系,通过"三权回归"培养居民成为利他共益的小区共同体成员,形成了"人人有责、人人尽责、人人共享"的和谐小区氛围。激发物业企业活力,与传统的"包干儿制""酬金制"物业模式相比,"信托制"阳光透明的财务管理和服务标准控制,解决了物业公司作为受托人在管理业主资金时面临的质疑,为物业公司进行专业化管理服务吃了一颗"定心丸";彰显居民自治活力,以信义为纽带,居民在互动过程中,建立了信任基础,形成了互助氛围,最终达成自治。从"各走各的路"到社区、业委会和物业公司"积极互动";从"失能无权"到业委会对物业公司服务工作的"全方位监督";从"漠不关心"到业主培育起小区"主人翁意识"。如锦绣花园小区自2020年11月引入"信托制"物业后,小区基本上每个月都有更新项目。居民参与自治事务的积极性提高了,在同等物业费下对于物业的满意度也更高了,小区的氛围和经济价值也有所增长,业主们对未来"信托制"物业的发展都充满信心。

三是巩固了党的执政根基,提升了基层党组织的组织力。"信托制"物业的实践,提升了基层治理能力,进一步增强了群众的幸福感与获得感。一方面,"信托制"让物业"管家"身份归位,避免了市场失灵情况下主体间关系的错配,进而规避了因此而产生的物业服务质量下降、物业缴费率过低、物业与业主间矛盾频发的现实困境。一批乱停乱放、环境脏乱、老旧小区设施陈旧等居民身边的烦心事得到解决,一批绿化工程、"坝坝"舞会、小区乐队等提升居民物质与文化生活水平的民生工程得以建成,信任建立,友善归位,"脏地"变"靓地","干戈"化"玉帛",居民真心认可。另一方面,居民主体作用得以充分发挥,自下而上推动协商过程,并在这个过程中,对自我价值的认同感和获得感得以满足。兴元嘉园小区"信托制"物业实施后,居民对物业的满意度显著提升,关键就在于"物业服务真正反映了民生所需",让居民感受到切身变化的同时有机会、有渠道充分参与监督环节,发挥其主体作用。

(二)实践价值

从创新基层治理角度来看,"信托制"物业实现了小区层面的"还权、赋能、归位、固本"。"还权"就是以激发协商来推进小区治理改革,通过协商,实现了确保规模化效益、专业化效益归属业主,让受益权、监督权与诉权回归居民,将财产所有权、物业知情权、管理监督权彻底归还给业主。"赋能"就是由社区党组织牵头,联动社会组织、社会企业,通过"物业+社工"方式,围绕关系调和、组织发动、培训赋能等开展小区营造活动,建机制、搭平台,降低业主参与小区治理的门槛,激发共建共治的内生动能。"归位"就是通过机制变革、社区营造,重塑居民与物业公司之间的信任关系,促进物业企业回归到忠诚管家的身份,让居民成为小区治理的主体,真正调动了居民和物业企业的责任意识,形成了治理的新格局,将业主、业委会和物业公司建立起牢固持久的信义关系,形成了小区治理共同体。"固本"就是充分发挥党组织搭建平台和把关定向作用,对小区治理全面引领、全程参与,助力形成了信任、友爱、互助、合作、温暖、和谐的社区氛围,增强了社区的黏合度,为小区治理实践奠定了基础,使党的全面领导在小区层面得到有效落实。

四 问题及展望

(一)存在问题

经过近三年探索实践,"信托制"物业模式卓有成效,但相较于基层治理体系和治理能力现代化要求,还存在一些问题。一是社会认同还不一致。"信托制"物业虽然在成都市一些小区导入并运行,但是社会对"信托制"物业的认知度仍然不高,导致了"'信托制'挺好,解决问题,就是面太小，导入'信托制'的小区太少"，同时部分专家学者、行业主管部门、物业公司、居民群众等各类主体对信托理念和"信托制"物业模式认识也还存在分歧。二是内生动力还未激发。"信托制"物业开展是社区、小区业主、物业公司多方共治共赢的过程。从当前的实践来看，部分社区、小区面临着动力不足的问题，主要表现为：第一，大多数业主不关心小区公共事务，对"信托制"物业认知也不够；第二，物业企业对"信托制"物业模式下的自身转型还存在疑惑，同时参与小区公共治理的成本无法纳入政府的治理预算，挤压了物业企业的利润空间并带来巨大的责任压力；第三，街道社区主动推进"信托制"物业的动力不够，部分社区干部存在惯性依赖，导致"信托制"物业更多是作为解决特殊小区物业问题的"被动性工作"。三是供需保障还有不足。"信托制"物业作为一个新生事物，其发展过程就是自身制度规范、行为规范、过程保障和结果保障不断完善的过程，在制度和资源保障方面还稍有不足：一方面，法制化保障不足，当前"信托制"物业的法律支撑分散在各个法律体系之中，尚无以法律法规和条例形式对"信托制"物业的直接支撑，这导致"信托制"物业实践中遇到了一些行业规定的阻力与障碍，迫切需要法律和制度层面上的支持和保障；另一方面，作为新生事物，"信托制"物业开展需要比较体系化的人力资源和物质资源支撑，而"信托制"物业处于开展初期，存在人员专业性不够、导入过程中资金支持不足等问题。四是推进合力还未形成。从当前各部门推进实施的情况来看，党政系统相关部门的职能职责需要进一步进行制度整合，特别当前"信托制"物业的管理、规范、保障权限散落在组织、社会、民政和住建等多个部门，而这些部门在治理运行中因为职能职责不同而导致职责边界不清、工作衔接不畅、治理碎片化等问题，相关部门没有将"信托制"物业模式纳入管理体系和工作范围，没有形成有效的治理合力。

（二）工作展望

为进一步发挥创新制度机制优势，破解小区治理难题，深入推进基层治理末端见效，提出五点工作建议。一是着力扩大社会正向影响。强化经验总结。开展基于"信托制"物业的信义治理理论研究，形成理论体系，达成实践共识，尽快形成一批理论著作和文章。优化制度设计。形成法治化、规范化、标准化的"信托制"物业管理制度体系，进一步完善"信托制"物业实践的制度规范和操作的标准指南。拓宽宣传渠道。通过成果汇编、论坛研讨等多种形式加大宣传。二是着力规范实施小区运行。相关部门、街道要对标"信托制"物业标准，加强指导和监督管理，包括但不限于小区开展编制年度预算、小区财务收支公开公示、服务质量等相关服务内容，对已实施小区要强化日常规范化运行，对新实施小区要确保标准不变形、不走样。三是着力培育多元参与主体。依托成都信义治理学院和四川大学，加强信义治理课程研发，开展系统培训；用好社会企业和社区社会企业培育扶持政策，大力发展"信托制"物业类社会企业和社区社会企业，优先扶持社会企业，鼓励国有物业服务企业向社会企业转型，引导物业机构履行社会职责，落实物业企业社会责任报告制度；规范社会组织行为，充分发挥在"信托制"物业导入、实行、监督和评价方面的作用。四是着力增强部门联动合力。健全组织、社治、政法、民政、住建等部门协同机制，汇聚资金、项目和政策支持发展"信托制"物业；推动"信托制"物业的法律法规和制度修正，将"信托制"物业服务相关原则和做法吸纳进《成都市物业管理条例》与相关制度设计，出台适配公共服务属性和社区治理需求的"信托制"物业服务政策。五是着力拓展信义治理体系。结合实践，因地制宜落实信义治理，对暂不能实施"信托制"的物业小区推动其公共收益公开透明管理，对自治院落推动院落管理公共经费公开透明管理，培育小区院落信义治理生态。

"农贷通"助力乡村振兴的探索与实践
——以崇州市为例

崇州市发展和改革局

摘　要：近年来，为深入贯彻《乡村振兴战略规划（2018—2022年)》中关于"把更多金融资源配置到农村经济社会发展的重点领域和薄弱环节"重要要求，积极推进成都市营商环境建设，落实守信联合激励措施，崇州市紧抓国家城乡融合发展试验区和金融服务乡村振兴试验区建设契机，以"信用中国（四川成都）"平台为依托，深化全国农村金融服务综合改革和全国农村"两权"抵押贷款试点经验，大力推进"信易贷"工作，构建"1+3+7"农村金融服务体系，重点以"农贷通"平台为载体，解决农业农村面临的"融资难、融资贵"和金融机构"贷款难、贷款成本高"问题，以整合农村产权、农业政策、农村金融等各类资源，建成集农业政策咨询、产权流转服务、融资供需对接、金融风险分担、信用信息共享等多功能于一体，线上线下相结合的农村金融综合服务，农村金融服务体系持续完善，形成了一系列可复制、可推广的成功经验与成熟模式。

关键词："农贷通"　信用应用　乡村振兴

近年来，聚焦"把更多金融资源配置到农村经济社会发展的重点领域和薄弱环节"这一目标，崇州市进一步深化全国农村金融服务综合改革和全国农村"两权"抵押贷款经验，升级"农贷通"融资平台，优化农村金

融生态环境，拓宽农村产权抵押担保权能，形成"1+3+7"农村金融服务体系。通过"农贷通2.0版"的农村信用评价共享体系，崇州将全市各涉农镇（街道）、村（社区）及所属的农户、农业经营主体、农业职业经理人纳入信用评价体系，实现银行、担保公司、保险公司等机构的信息共享，切实落实守信激励、失信惩戒措施。这一方面降低了放贷风险、压缩了审批时限，另一方面实现了更为精准的服务对接，形成了一系列可复制、可推广的成功经验与成熟模式。2020年，崇州市深化"农贷通"服务入选国家发展改革委办公厅《关于推广第三批国家新型城镇化综合试点等地区经验的通知》，并面向全国推广；同年，崇州市县域金融生态环境在四川省GDP 200亿元以上组排名第15位，较上年提升4位，"农贷通"融资平台取得较为显著的成效。

一 工作主要内容及成效

"农贷通"推广以来，崇州市先后探索出"农业共营制""五良"融合等一系列改革成果，在全省"10+3"现代农业产业体系基础上，大力构建以川粮油为核心的"1+8"现代农业产业体系，推进新型农业经营主体培育，推进特色现代农业、乡村建设行动、种业创新、扶持新型农业经营主体发展壮大和以农村产权抵押为核心的农村金融改革创新。强化信用信息应用，拓展金融产品种类，为打通金融要素资源畅通渠道，有效解决农村金融服务资源分散、信息对接不畅、农村产权抵押融资效益低、农村资产处置难、信用风险频发等痛点难点问题，在搭建农村金融服务平台、创新农村金融产品、构建新型农村金融服务体系、畅通产业融合发展融资渠道等方面积极探索，引导社会资本和金融资本投向农业农村及相关领域，推动农村金融服务实现多样化、便捷化、智能化和综合化，探索金融助力乡村振兴的有效路径。

从总体来看，崇州市以盘活农村各类资源，推动农业产业化经营为核心，按照"一个平台、三级管理、市县互动"的思路，充分发挥财政金融支农政策的导向和撬动作用，畅通和拓展融资渠道，形成农业农村资金投入可持续增长的机制，切实做到农村产业信贷资金需求的"应贷尽贷"，整体成效显著。

（一）平台宣传推广情况

为有效推进"农贷通"平台"信易贷"产品的推广，2016年以来，成都、崇州两级政府高度重视"农贷通"平台建设和宣传推广工作。在行政村（社区）选聘金融服务联络员时，要求联络员每月到村不少于20天，每人每月走访20个村，对农村金融、农村产权、农业保险等进行宣传和推广并收集金融服务需求信息，解决农村金融服务"最后一公里"问题。

同时，崇州市先后依托自媒体、微信公众号、大型电子显示屏等宣传平台，在镇（街）、村（社区）重点围绕涉农企业、涉农主体、农村职业经理人等组织开展走访、宣传、培训和推广工作，每年完成宣传、培训和推广活动100多次，累计完成宣传、培训和推广活动400多次，累计走访村7936次，发放各类宣传资料52517份；与此同时，累计开展政策宣传会481场，参会15013人，采集新型农业经营主体和农业大户的相关数据131520人次（其中，累计采集新型农业经营主体数据816人次，累计采集农业大数据130704人次），在群众中影响广泛[①]。

（二）配套政策情况

成都市农业农村局、成都市财政局联合印发了《2020年"农贷通"平台贷款贴息项目申报指南》（成农联发〔2020〕22号），为申请融资、贴息政策提供了方便快捷的渠道；崇州市人民政府办公室印发了《崇州市"创业贷"风险基金池管理办法》（崇府办函〔2017〕83号），以提供无息或贴息、无抵押的信贷产品及创业补贴等政策为依托，为创业主体提供了有力的资金保障；成都市崇州都市农业产业功能区管委会印发了《关于加快推

---

① 资料来源：崇州市农业农村局统计数据。

进农村金融产品和服务方式创新的实施方案的通知》（成农工管〔2021〕36号），以"农贷通"平台为依托，以"粮易贷"等"信易贷"产品为抓手，为产业融合发展、乡村振兴提供了助力。

（三）平台运行情况

从目前数据统计来看，崇州市在"农贷通"平台累计注册用户2143人，入驻金融机构21家，发布金融产品101个（在线金融产品63个）；标记入库新型农业经营主体8430家、种养大户480家、龙头企业563家、合作社2511家、家庭农场4862家，共计16846家；标记入库重点项目861个、农业职业经理人14名；平台累计发布相关政策16条、新闻（信息）133条①。

1. 建设"一个平台"，打造"农贷通2.0"版

一是建设农村金融"信息库"。将"农贷通"平台建设成惠农政策、融资主体、金融产品三大信息库，实现金融机构、融资主体共享，实现分权限实时查询运营。二是完善"农贷通"平台线下服务体系。建设行政村全覆盖的农村金融综合服务站，以村（社区）为单位建立"农贷通"平台村级联络员制度体系，形成"片区中心服务站+村级中心服务站"矩阵，借力邮政网点、行业协会推动农村金融综合服务站市场化运营。三是提供"一站办理、线上办理"服务。汇集融资主体多元需求，在"农贷通1.0"版本基础上，依托微贷管理和区块链技术，丰富金融产品服务，推出手机贷、线上金融、在线理财等智慧服务。

2. 推进"三站合一"，完善村级金融服务体系

一是集成农村产权交易功能。依托确权颁证成果，培育农村产权流转市场，在"农贷通"平台新增收集、审核、上传、发布农村产权流转信息等功能，开展农村产权交易法律法规政策宣传，规范农村产权交易流转程序，为农村金融提供抵押物流转服务。二是集成农村电商服务功能。开展

---

① 资料来源："农贷通"平台崇州端。

农产品线上宣传推广、展示、销售,准入"崇耕+"系列区域农产品品牌,搭建崇州特色农产品展"云场馆",扩展地域农产品销售空间,降低特色农副产品营销成本,为信用评价提供海量的经济数据。三是集成农村金融服务功能。履行融资主体基础信息收集更新、金融政策宣传、金融业务办理三大职能,拓宽农村地区信用信息基础数据采集面,逐步扩展金融宣传、融资对接、支付结算业务渠道,足不出村即可办理信息采集、融资对接、支付转账、便民缴费、农村电商等多项业务。

3. 构建"七大体系",夯实金融下乡制度支撑

一是构建农村产权流转交易体系。完成农村产权登记颁证,颁发各类农村权证81.67万本,赋予处置、收益、抵押等综合权能。搭建农村产权交易平台(崇州农村产权交易公司),形成村收集、乡镇审核、市产权交易平台交易三级农村产权流转管理交易服务体系。二是构建农村产权价值评估体系。坚持基准价格指导与第三方机构评估相结合,形成《崇州农村土地经营权基准价格评估成果》,建立农村土地经营权价值分类指导价制度和农村产权指导价格评审机制。三是构建农村信用综合评价体系。通过"农贷通2.0版"构建农村信用评价共享体系,将全市各涉农镇(街道)、村(社区)及所属的农户、农业经营主体、农业职业经理人纳入信用评价,实现银行、担保公司、保险公司等机构的信息共享,切实落实守信激励、失信惩戒措施,有效降低放贷风险、压缩审批时限,推动开展"整园授信""整村授信""协会授信"等工作,先后评定了信用镇(街)15个、信用村(社区)157个、信用户14038户、信用新型农业经营主体52个、信用农村职业经理人38名,建立"功能区+主办行"制度,推行"红、白名单"管理,完善信用信息共享体系,整合分散的农业经营主体信用管理信息,实现信息互通共享,形成全市统一的"农贷通"信用信息共享体系。四是构建抵押融资风险分担体系。制定《崇州市乡村振兴农业产业发展贷款风险补偿金管理办法》,财政出资4100万元建立风险基金,政银按照8:2分担风险,对风险补偿金10倍放大进行担保。与省农担合作建立600万元的风险补偿金,放大40倍进行担保。建立银保合作机制,7家保险公司共推出政

策性农险品种 21 个。五是构建聚合融资支持体系。深化"功能区 + 主办行"制度,注资 1 亿元成立担保基金、争取支农再贷款 4 亿元,探索宅基地"以租代抵"融资,落地四川全省首单"生猪 + 保险"期货产品,发放成都市首笔生猪活体抵押贷款,依托旺达集团、农信互联发展农业供应链金融,实现九大类农村产权抵押融资,开发出 45 个金融产品。六是构建农村产权收储处置体系。依托农村产权交易平台,采取托管、再入股方式再流转推进农村产权收储,化解抵押物违约风险。成立涉农融资担保公司,构建银政担合作模式,探索构建起"平台公司 + 互助合作社 + 企业"三位一体农村产权抵押融资担保收储体系。七是构建涉农金融扶持体系。出台《崇州市深化农村产权抵押融资试点的实施意见》等配套政策,给予各类农村产权抵押贷款贴息、担保费(保险费)补贴。建立"农贷通"专(兼)职联络员制度,出台支持金融机构购买"农贷通"平台信用信息服务、智慧金融服务、金融产品创新等政策措施,依托"农贷通"拓展"土地经营权 +"贷款模式,创新"保险 + 信贷""信用 + 信贷"等产品①。

(四)工作推进成效

1. 涉农企业信用评定情况

2022 年 4 月,由人民银行崇州市支行牵头,成立了人民银行崇州支行、崇州市都市农业功能区产业园区管委会、崇州市发展和改革局、崇州市新经济和科技局、崇州市农业农村局、崇州市国有资产监督管理和金融工作局等部门及商业银行组成的金融信用分级分类工作小组,按照《崇州市 2022 年都市农业功能区产业园区企业金融信用分类工作方案》,完成对崇州都市农业功能区产业园区企业中的 29 家企业的信用分级分类评价工作,为提升园区企业融资能力提供了有力的数据支撑。评定结果为"红名单"7 家、"白名单"10 家,具体激励措施如下。

一是对"红名单"企业优先进行信贷支持。鼓励银行机构完善尽职免

---

① 本节金融下乡相关数据来自中国人民银行崇州支行统计数据。

责机制，简化信贷流程，优先快速放款；鼓励银行机构降低贷款利率，延长贷款期限，扩大授信额度，增加信用贷款金额占比；鼓励银行机构设计专属信贷产品，匹配专项贷款规模，提供多种融资方案；鼓励银行机构建立多种抵质押方式，提高抵质押率，减免抵押物评估费、登记费、公证费、保险费，并在一定期限内不因企业使用政府应急转贷资金，或办理展期、无还本续贷、延期还本付息下调其评级结果；指导银行机构加大再贷款、再贴现等政策工具支持力度。

二是对"红名单"企业提供便利金融服务。鼓励银行机构减少银行账户、结算或其他服务费用，积极办理承兑汇票，降低其保证金比例，甚至免收其保证金；鼓励银行机构为符合条件的企业提供路演推介服务，或利用银行机构金融资源，为企业搭建与投资机构的交流平台，推进企业直接融资服务；鼓励银行机构为企业提供优质理财顾问，定制或匹配专项理财产品，为企业员工提供上门个人金融服务。

三是"红名单"企业将享受园区便利服务。园区管委会为企业提供综合服务和业务发展等方面支持。

2. 涉农主体融资情况

截至 2022 年 5 月，崇州市依托"农贷通"平台，为涉农企业、种养大户、农业新型主体、合作社、家庭农场、职业经理人等主体提供优质、便利的"信易贷"融资渠道。一是金融服务效率大幅跃升。通过个性化推荐服务，全流程无纸化办理，有效提升了农村地区金融产品服务质量与效率，贷款流程缩短 1/3，从 5 天缩短到 2~3 天。二是农村金融基础设施持续完善。建成投运 231 个村级金融服务站点，构建起纵向市、镇（涉农街道）、村（涉农社区）三级管理，横向"三站合一"村级金融服务体系，实现标准化服务站村（涉农社区）全覆盖。"农贷通"平台累计录入农户基础信息 14 万户，实现农户、新型经营主体基础信息全覆盖。三是实现多层级聚合融资服务。构建"平台公司＋互助合作社＋企业"三位一体农村产权抵押融资担保收储体系，探索宅基地"以租代抵"融资，落地全省首单"生猪＋保险"期货产品，发放成都首笔生猪活体抵押贷款、首笔养殖水面（小

型水利工程使用权）、入股联营贷款产品等九大类农村产权抵押融资。自"农贷通"平台运行以来，崇州市各类涉农主体共申请融资贷款2948笔，申请融资金额累计达35.27亿元，先后为各类涉农主体发放融资贷款2046笔，共计26.05亿元。2021年度发放贷款388笔，共计3.98亿元；截至2022年5月累计发放贷款166笔，共计4.92亿元；目前正在受理融资申请248笔，合计融资金额3.99亿元；逐步形成"信用兴农"的发展格局。四是农村金融生态环境持续优化。2020年，崇州市县域金融生态环境在四川省GDP 200亿元以上组位列第15位，较2019年提升4位[①]。

二 工作存在的问题及面临的挑战

推进乡村振兴是现阶段的重点任务，涉农企业和各类涉农主体的健康发展是推进乡村振兴的关键，深入推进"信易贷"帮助企业解决融资难、融资不足的问题迫在眉睫。企业对自身信用信息的认识较低、不重视，未及时进行信用修复或异议处理，将导致申请信用贷款、政策扶持、行政奖励时受到限制。从目前来看，一是需要加大信用宣传培训力度；二是需要加强对企业分级分类的信用评定工作；三是需要加大信用信息数据共享；四是需要引导企业及时开展信用修复和异议处理等工作，进而为经营良好、财务制度健全、主要财务指标稳定或呈稳步增长趋势的守信企业更好地解决融资、政策扶持等方面的困难。

三 下一步推动工作的展望

为进一步为涉农企业、涉农主体等提供更为便利、快捷融资渠道和产品，崇州将加强"信用镇""信用村""信用新型农业经营主体""信用专合社""职业经理人"等涉农主体的信用评定工作。进一步推动企业信用大

---

① 资料来源："农贷通"平台崇州端。

数据融合共享应用,将在"农贷通"平台在减免抵押、增大授信贷款、降低贷款利率等方面深入推进"信易贷"。同时,深层次推广除"农贷通"外的惠农信贷产品,如"创业贷""惠农 e 贷""壮大贷""减税云贷"等"信易贷"产品,全面提升企业融资可获得性,助力崇州实体经济高质量发展。

Ⅳ 经验借鉴篇

自国家社会信用体系建设示范城市创建工作启动以来,全国各地积极推动社会信用体系建设工作,许多城市在探索与实践的过程中形成了一系列优秀做法、先进经验,值得地区间相互加强学习、借鉴和交流。基于此,本篇特邀社会信用体系建设获得显著成效的城市——大连市、杭州市、宁波市,从社会信用体系建设整体情况以及"信易贷"、"信用+社会治理"、信用监管等重点方面,对其社会信用体系建设的经验、特色、成效等进行分享,以期为各地推进社会信用体系建设研究与实践提供开放的展示与交流平台,增进沟通,互相学习,进而共同推进我国社会信用体系建设向纵深发展。

大连市：创新打造"信易贷"全国亮点项目 积极探索助力中小微企业发展"新路径"

大连市发展和改革委员会　大连市信用中心

摘　要：完善的社会信用体系是供需有效衔接的重要保障，是资源优化配置的坚实基础，是良好营商环境的重要组成部分。为充分发挥信用体系建设在助力城市经济社会发展方面的积极作用，大连市以强抓信用基础建设为重点，以创新信用惠企惠民项目为特色，成功打造了"信易贷"基础平台、"工信e贷"、"数字信用券"、联合建模等一系列特色"信易贷"全国亮点项目，全方位、多角度助力破解企业融资难题，为经济社会高质量发展积极贡献信用力量。经过不懈努力，大连市成功获评"全国社会信用体系建设示范区"，城市信用综合指数稳居全国36个省会及副省级以上城市前列，"守信受益、失信受限"的良好城市信用环境逐步形成，"信用大数据"在助力提升城市管理水平、促进经济发展方面的效能逐步体现。

关键词："信易贷"基础平台建设　公共信用数据与金融数据融合应用　联合建模

一　开展"信易贷"工作背景情况

中小微企业是国民经济的生力军，是扩大就业、改善民生、促进创新创业的重要力量，发挥信用作用支持中小微企业融资具有深远意义。近年来，按照党中央、国务院决策部署，在有关部门的共同努力下，中小微企业融资难题有所缓解，但与企业的需求相比仍有不小差距，尤其是信用贷款的获取难度大。加强信用信息归集共享、深化大数据开发利用能够有效缓解银企信息不对称的难题，对于推动金融资源向中小微企业倾斜具有重要意义。国家先后印发《国家发展改革委 银保监会关于深入开展"信易贷"支持中小微企业融资的通知》（发改财金〔2019〕1491号）、《国务院办公厅关于印发加强信用信息共享应用促进中小微企业融资实施方案的通知》（国办发〔2021〕52号）等文件，要求加强信用信息共享，深挖信用信息应用价值，创新优化融资模式，助力银行等金融机构提升服务中小微企业能力，不断提高中小微企业贷款可得性、时效性。

按照党中央、国务院、省委、省政府部署，2020年3月起，大连市发展改革委、大连市信用中心联合多部门印发《大连市支持中小企业融资 开展"信易贷"服务工作方案》，逐步探索适合大连实际的"信易贷"模式。经过两年多的探索与实践，上线了大连"信易贷"基础平台，建立了以政府提供公益性信用信息服务，金融机构进行产品设计、推广的分工方式，形成了"信息总量大、信息种类全、共享渠道广、服务可定制"为特点的信用信息共享机制，打造出一系列"信易贷"全国创新亮点项目，在助力提升企业高效获得信贷方面发挥了重要作用。大连"信易贷"基础平台荣获"全国'信易贷'示范平台"称号，大连市作为全国三个典型城市之一在"加强信用信息共享应用促进中小微企业融资"全国视频会上进行了经验推广，受到了国家发展改革委的肯定，相关做法被国家公共信用信息中心通过多渠道向全国推广。

二 推进"信易贷"工作主要做法

为有效推进"信易贷"工作，大连市坚持以整合市场主体多维信用信息为基础，以优化信贷服务质效为关键，以融资服务渠道持续拓展为亮点，

大连市：创新打造"信易贷"全国亮点项目积极探索助力中小微企业发展"新路径"

依托大连"信易贷"基础平台，通过与金融机构联动，开展数据共享、联合建模等，为金融机构提供公益性基础数据服务，促进金融机构信贷服务升级，加大信贷投放力度，打造出大连"信易贷"特色模式。

（一）强抓信用评价关键信息归集，数据总量突破90亿条，达到全国领先

1. 科学制定公共信用信息共享目录规范

为有效充实完善"信用大数据"库，精准开展公共信用评价，大连建立起了规范化标准化信用信息归集体系，编制本地公共信用信息目录，并定期更新完善。2022年，根据《全国公共信用信息基础目录》，依据地方性法规等，全新编制了《大连市公共信用信息目录（2022年版）》，目录涵盖全市50余个部门，11750项信用信息，种类全、覆盖广。同时，辖内区市县（先导区）参照市级目录编制程序，编制了本地区目录。目录编制工作的有效开展，推动了大连信用信息归集工作基本实现全域全覆盖，保障了数据归集工作有序推进。

2. 全面畅通信用信息归集渠道

为确保各类信用数据及时准确地归集，满足不同单位数据上报实际情况，大连市信用中心提供系统直连实时抓取、文件传输协议（FTP）共享交换、系统登录直报等多种归集方式，实现了信用信息的多渠道归集。其中，按照《国务院办公厅关于印发加强信用信息共享应用促进中小微企业融资实施方案的通知》（国办发〔2021〕52号）文件要求，促进中小微企业融资业务的环保信用评价信息、企业不动产登记信息、水电气缴费明细信息等全部纳入归集共享范围。由于"信用大数据库"信息种类和数量不断得到充实，为开展企业精准信用评价，推动"信易贷"工作，奠定了坚实的数据基础。

3. 建立健全信用信息质量监测机制

通过实时监测、系统核验等多种方式，分析各单位报送的数据，将问题数据及时反馈至数据报送单位，提示整改，确保数据可用好用。建立了数据报送情况通报机制，每月印发《信用工作简报》，将全市各地区、各部

门报送行政许可、行政处罚、水电气、"五险一金"、信用承诺等信息的有关情况进行公示，督促相关单位严格落实报送工作。信用、督查等部门联合，不定期深入各地区、各单位督导信息报送工作，针对报送工作开展点对点指导培训，确保信息报送及时准确得到落实。

（二）搭建大连"信易贷"基础平台，全面推动公共信用数据与金融数据融合应用

1. 签订合作协议，全面支持金融机构提升信贷服务质效

为切实有效加大信贷对中小微企业的支持力度，服务中小微企业发展，大连市信用中心基于建设的大连"信易贷"基础平台为金融机构提供公益化信用数据服务，并已与11家国有银行及股份制银行签订合作协议，通过信息核验、联合建模等数据共享方式支持金融机构完善信用评价模型、开发信贷产品、提升风险防范能力、精准投放企业信贷，让更多守信的中小微企业获得信贷支持。

2. 完善"信易贷"基础平台功能，满足金融个性化需求

大连"信易贷"基础平台分数据层、应用层，数据层使用信用数据和金融数据，按照金融机构业务需求，通过联邦学习、多方安全计算等技术手段，构建企业个性化信用评价，为应用层提供强有力支撑。应用层提供"白名单"推送功能，将各区县推荐的"白名单"企业一键推送至各金融机构，供金融机构重点关注、主动对接；同时，从金融产品接入与退出、成效数据汇总分析等环节着手，对金融机构产品统一管理。目前，大连"信易贷"基础平台已入驻金融机构41家、企业20余万户。

3. 创新推出"数字信用券"降息服务

注册成功的守信企业可在大连"信易贷"基础平台或金融产品中免费领取一张额度为20万元的市场化"数字信用券"，用于贷款贴息，提升守信企业获得感。大连"信易贷"基础平台对"数字信用券"额度进行统一管理，企业在金融产品中使用信用券时，先查询剩余额度是否满足当前申请要求，实际使用额度会在基础平台的总额度中同步扣除。"数字信用券"

降息服务的有效推出，切实增强了守信中小微企业的获得感。

（三）成功打造"信易贷"示范产品"工信e贷"，为破解公共信用数据和金融数据融合应用难题探索出"新路径"

1. 着力打造"企业信用卡"模式"信易贷"产品

在争取到国家公共信用信息中心和中国工商银行总行的支持下，大连市信用中心与工商银行签订协议，经过一年精心研发，打造出"信易贷"全国亮点产品"工信e贷"，基于公共信用数据和金融数据联合建模，通过模型预测出"工信e贷"可为大连所有企业总共提供预授信额度达110亿元（预授信额根据企业信用信息变化情况动态调整）。该产品具有随借随还、纯信用贷、线上操作、秒申秒批等特点，额度最高达300万元，相当于一张"企业信用卡"，有效满足了中小微企业的融资需求。产品上线半年多来实际放款6.6亿元，促进工行大连分行信贷增长率提升了38%，并在第一个集中还款期实现了"零违约、零坏账"。这种随时贷、随时还的"企业信用卡"模式"信易贷"产品有效破解了中小微企业融资难题。

2. 开发"一键知信""用券降息"服务功能

企业法人在不需要注册的前提下，通过信用平台中的"五险一金"、注册登记等十几类信息建模测算，仅输入基本信息即可马上了解自己在"工信e贷"中的预授信额度。企业领取并使用"数字信用券"后，在"工信e贷"产品低利率基础上可以再享受20bp的利率优惠，为诚信客户减费让利，降低企业融资成本。从产品上线半年多情况看，达到了利率最低、办理最快的工作效果。

3. 搭建"银企对接桥梁"让"工信e贷"精准服务重点领域企业

大连市信用中心与大连市工商联、大连市妇联、中山区政府、工商银行大连分行等共同举行"同心筑梦，携手共进，让企业插上信用的翅膀""搭建银企对接桥梁，助力女性创新创业""工信e贷巡回路演""青创企业对接会议"等一系列"信易贷"推广活动，精准服务重点领域企业，让更多企业了解"信易贷"，积极促进民营企业发展，发挥其经济建设主力军作

用,为企业发展注入新的活力。通过举办各类推广活动,"工信e贷"产品现场为企业预授信合计超过25亿元。

三 "信易贷"工作经验启示

中小微企业在国民经济中的地位越来越重要,健全信用信息共享协调机制,发挥政府在组织协调、信息整合等方面的作用,全力推进"信易贷"工作,支持银行等金融机构提升服务中小微企业能力,是破解银企信息不对称难题的有效途径,是加大对企业纾困帮扶力度的有力举措,对于促进经济社会发展具有重要意义。

在落实"信易贷"工作过程中,应充分运用信用大数据等技术手段,不断完善企业信用评价体系,通过公共信用数据和金融数据联合建模融合应用,更为精准地评价企业信用状况,建立健全风险识别、监测、分担、处置等机制,创新金融信贷产品和服务,加大信贷资源向中小微企业倾斜力度。同时,应拓展多维度服务企业举措,充分挖掘信用大数据利用价值,行业主管部门应积极推动金融机构创新研发信用保函、保理等产品,让守信企业从多方面获得支持,促进形成诚信为本、守信受益的良好社会氛围。

下一步,大连市将以优化营商环境支持企业发展为发力点,持续深入推进"信易贷"工作,继续发挥公共信用信息对金融服务升级的促进作用。持续推动金融机构主动对接大连"信易贷"基础平台,复制推广"工信e贷"成功经验,在联合建模、产品研发、风控升级等方面促成金融信用与公共信用深化合作,提升信贷、保函、反电诈等业务成效,为满足中小企业各类金融服务需求提供更多选择和有力保障。

杭州市：富阳区东洲街道"信用+社会治理"的探索与实践

杭州市发展和改革委员会

摘　要： 基层治理是国家治理的基石，统筹推进街道治理，是实现国家治理体系和治理能力现代化的基础工程。作为省级"信用+社会治理"试点建设单位，杭州市富阳区东洲街道社区以浙江省信用"531X"工程为目标导向，衔接省、市、区三级公共信用信息平台，全方位突出浙江省公共信用信息在主体信用评价和结果应用中的基础作用，创新打造了1个平台，聚焦3类主体，建设5大体系，推广X场景应用的"135X"东洲信用体系，取得较好成效。

关键词： 信用　社会治理　基层治理

一　"135X"东洲信用体系总体架构

"135X"东洲信用体系总体架构包括打造1个平台，聚焦3类主体，建设5大体系，推广X场景应用。

"1"是指通过依托1个"公望数智治理平台"来融通区级基层治理平台、"富春智联"数智平台、公共信用信息平台和街道自治平台数据。

"3"是指基层治理3类主体，即街道政府和基层群众性自治组织（村委会和居委会)、新型农业经营主体(民宿、专业大户、家庭农场、农民合作社等)、村社居民。

"5"是指进行5大体系建设,即基层信用组织体系建设、信用制度体系建设、信用信息体系建设、信用评价体系建设、诚信文化品牌体系建设。

"X"是指围绕3类主体,在村社治理、交通出行、信用免押、先享后付、文化旅游、信易租、社区养老、评优评先、融资信贷等"X"场景应用激励,并形成信用预警能力。

二 "135X"东洲信用体系建设

(一)建立组织体系

成立东洲街道社会信用体系建设领导小组,由街道党工委副书记担任组长,党建办主任担任副组长,各科室(中心)负责人、各村(社)党组织书记为小组成员(见图1)。同时,领导小组下设办公室,由党建办主任兼任办公室主任,具体负责试点建设任务。东洲街道社会信用体系建设领导小组在区领导小组办公室领导下,担负起基层社会信用体系建设的职责。

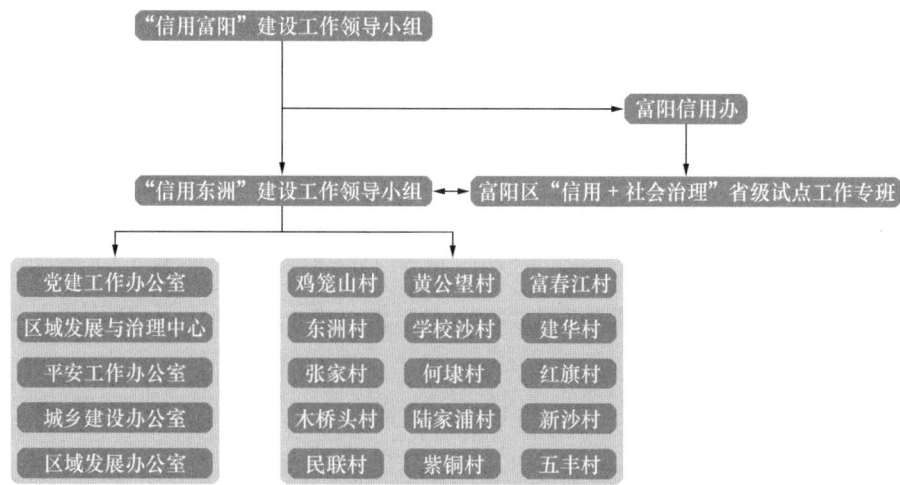

图1 杭州市富阳区东洲街道信用体系建设组织体系

（二）建立制度体系

制定并颁布实施《东洲街道"公望美好家庭指数"管理办法》等一系列用于满足基层治理的信用规章制度，以制度为统领，规范推进试点建设。

（三）建立信息体系

东洲街道省级信用试点建立并依托"公望数智治理平台"，全面整合区级基层治理平台、"富春智联"数智平台、公共信用信息平台和街道自治平台，建立形成了完备的数字一体化基层社会信用信息体系。横向打通部门间的数据壁垒，纵向整合形成"区市—镇街—村社"上下联动的运行综合管理体系（见图2）。

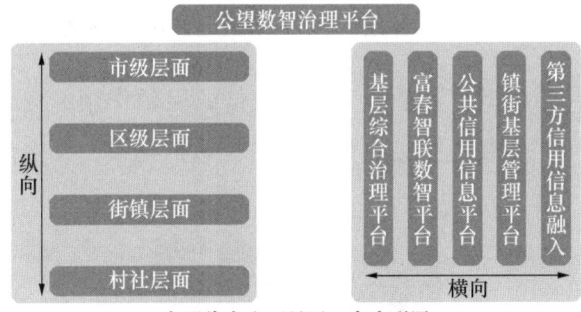

图2 杭州市富阳区东洲街道"公望数智治理平台"信息体系

（四）建立评价体系

东洲街道围绕政府、市场、社会三大主体，分别构建以村务诚信为代表的政务诚信评价体系、以民宿为代表的商务诚信评价体系和以村社居民为代表的美好家庭评价体系，形成了一整套科学完备的诚信指数体系——东洲街道"公望美好家庭指数"（见图3）。

（五）建立文化体系

东洲街道利用自身条件将辖区的广场、长廊、小道等以诚信命名，让诚信的元素融入居民的生活，让群众在闲暇之余得到信用教育。

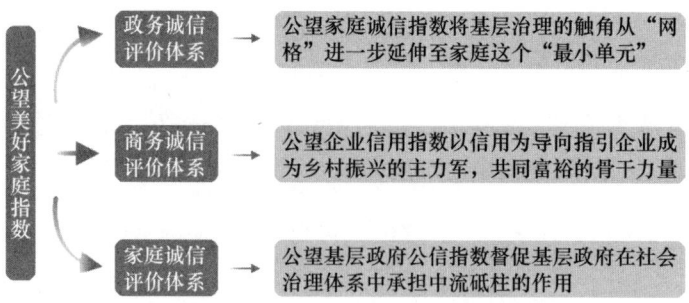

图 3 杭州市富阳区东洲街道"公望美好家庭指数"评价体系

三 评价模型及场景应用

（一）创新编制"公望美好村务诚信指数"，助推村务治理现代化

村务诚信评价模型：着眼提升政务诚信的引领作用，充分发挥政府诚信建设示范作用。主要包括公共信用、村社诚信建设、民主评议三个方面内容（见图4）。

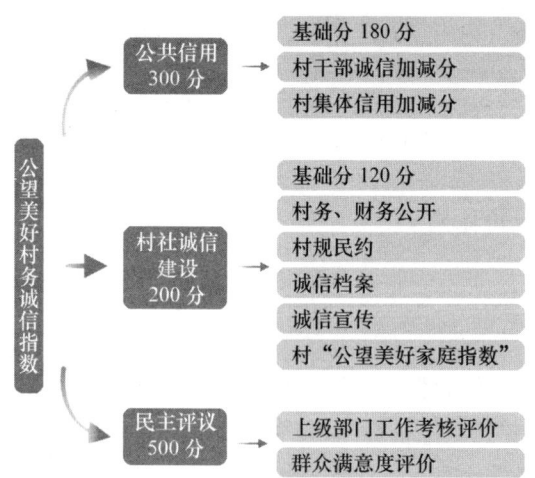

图 4 杭州市富阳区东洲街道"公望美好村务诚信指数"评价模型

主要应用：一是通过将村务、财务、党务"三务"公开纳入诚信监测，深入推进村务社务公开，增强村社服务能力，提高整体服务水平，第三方

机构群众满意度测评，满意度97.81%；二是通过对街道村社集体和村社干部失信状况、村社集体经济合同履约状况、村社信访案件发生率等实施监测，村社失信、合同违约等全部清零；三是强化村务诚信评价结果应用，有效发挥评价"指挥棒"作用。村社干部、党员干部违法违纪案件明显减少，东洲街道在全区年度综合考评中名列前茅。以百年建党为契机，街道党工委结合"公望美好家庭指数"星级评定，上报区优秀共产党员、优秀党务工作者村社人员7人，获评5人，上报区先进基层党组织3个，获评2个。另外，黄公望村党委荣获浙江省先进基层党组织，新沙村党总支书记姜国林荣获省担当作为好支书。

（二）分类编制"新型经营主体信用指数"，助跑乡村共富产业振兴

经营主体信用评价模型：积极推行新型经营主体的信用评价，助力乡村振兴。我们以民宿信用评价为突破点，大力拓展民宿信用指数应用场景。以《浙江省五类主体公共信用评价指引》和《浙江省公共信用信息目录》为参考进行修订，主要包括公共信用、街道行政执法、诚信经营、游客口碑四个方面内容（见图5）。后期在浙江省个体工商户公共信用评价结果产生后，经营主体信用评价模型中将积极引入。

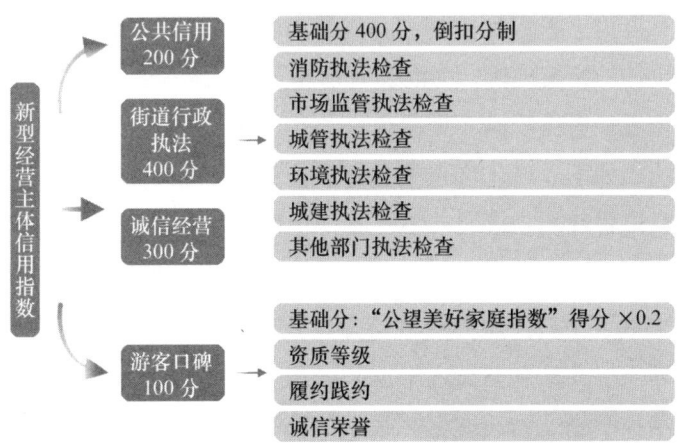

图5 杭州市富阳区东洲街道"新型经营主体信用指数"

主要应用如下：一是对接当地金融机构，将各类市场经营主体（民宿）信用评价结果嵌入金融信贷审批环节中，对信用良好的经营主体提高授信额度，给予贷款手续、利率和期限等便利和优惠措施；2021年富阳农商银行、中国建设银行富阳支行利用公望诚信指数评价结果为东洲街道民宿发放信用贷款92笔，累计发放金额达到500余万元，且没有发生一笔违约。二是东洲街道将市场经营主体（民宿）信用评价结果作为主体申报荣誉表彰、财政资金补助、项目安排等政策优惠措施和便利措施的重要依据。三是将民宿为代表的各类经营主体信用分与钱江分实现互联互通，依托"钱江分"管理平台，积极向外推荐信用状况优良的经营主体，为其带来丰富的客源，繁荣当地民宿产业。四是衔接浙江省信用"531X"评价体系，搭建富阳区"企业预警平台"，充分发挥企业评价结果在日常监管和风险预警中的基础作用，加大对评价较差企业的检查次数。

（三）规范编制"公望美好家庭指数"，助力社区诚信自治

"公望美好家庭指数"评价模型：家庭是社会的"最小单元"，也是最稳固的基本单元，对社会发展及稳定起着最基础的作用。该模型以省"531X"自然人评价的家庭成员平均分为基础，以基层治理过程记录为内核，以第三方信用大数据为辅助，构建科学全面的量化评估模型，实现对基层各类主体的精准画像，为准确研判和及时化解基层矛盾风险提供手段，为信用价值发现提供依据（见图6）。

主要应用如下。一是将东洲街道"公望美好家庭指数"结果与村社居民家庭金融信贷挂钩。目前富阳农商行根据"公望美好家庭指数"评价结果确定授信额度以及利率，支持东洲街道居民生产以及消费升级。五星级家庭"好家庭信用贷"服务项目已为黄公望村授信3亿元，为5户家庭各授信100万元。二是东洲街道根据"公望美好家庭指数"评价结果进行物质奖励和精神激励。物质奖励：根据"公望美好家庭指数"评价结果，给予日常商品的积分兑换。精神激励："公望美好家庭指数"评价结果在每户居民家庭的门牌前展示；根据"公望美好家庭指数"评价结果，成为评先

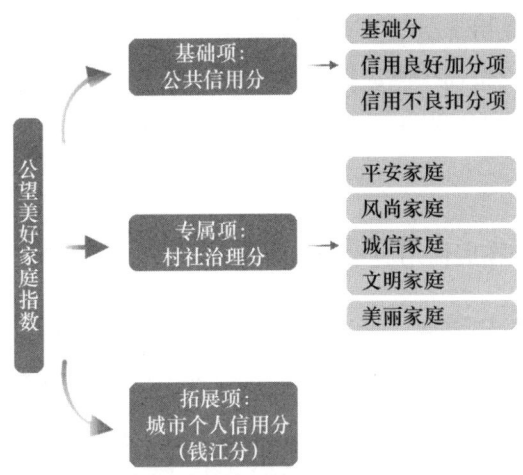

图 6　杭州市富阳区东洲街道"公望美好家庭指数"

评优的重要依据。"爱心超市"积分兑换,覆盖人员 3000 人,目前已有 625 户家庭参与了兑换,兑换物品共价值 12000 元。三是拓展"公望美好家庭指数"在社区养老服务中的应用。东洲街道与富阳区富春江曜阳国际老年公寓开展全面合作,老年公寓结合自身在辖区内的优势及资源,在养老护理服务、培训课程及文化娱乐活动、心理辅导、法律咨询、养老服务"时间银行"等方面提供服务。2021 年服务覆盖人员达到 3000 人次,人均服务价值 2000 元,极大地提升了东洲居民的幸福感。四是开拓"公望书屋"信用借书服务。新建"公望书屋",推出信用借书服务,设立诚信阅读书角,覆盖人员 7624 人,目前已有 120 人借书 460 本次。五是实现"公望美好家庭指数"与杭州城市信用分——"钱江分"的互认。不仅在公共信用信息上实现了互联互通,"公望美好家庭"等级体系与钱江分—富春勋章荣誉体系全面无缝衔接。

四　下一步工作的思考与展望

(一)进一步夯实信用信息数据库的建设

东洲街道在"信用+社会治理"的探索中,对接了省、市、区三级公

共信用信息,已经初步构建了较为完善的信用信息数据库;接下来结合东洲街道产业发展的布局,率先建设新型农业经营主体信用信息数据库以及探索新型农业经营主体信用评价体系,为高质量发展新型农业经营主体探索东洲方案。

(二)进一步拓展信用应用的载体

实现"公望美好家庭指数"与杭州钱江分—富春勋章的互认互通。两者不仅在公共信用信息上实现了互联互通,同时,"公望美好家庭"等级体系与钱江分—富春勋章荣誉体系全面无缝衔接。在保持公望积分地方"个性"的同时,打破了街道信用积分和应用的小闭环,将其融入富阳全区的大循环中,赋予了"公望美好家庭指数"持续运转的生命力。

(三)进一步拓展商务信用应用的领域

目前东洲街道在民宿领域开发应用信用评价体系,有很多经验值得积累,当然也有很多的不足需要完善。接下来,东洲街道将根据产业的布局情况以及实际应对的问题,针对紫铜村外来务工人员较多,开展房屋租赁领域信用评价体系;针对企业在特殊时期用工难的问题,攻坚用工企业联盟的信用管理制度以及技术人员职业信用体系。

宁波市：推动应用融合　释放信用红利

宁波市发展和改革委员会

摘　要：社会信用体系建设是完善社会主义市场经济和创新社会治理体系的重要组成部分，是宁波锻造硬核力量，唱好"双城记"、建好示范区、当好模范生，加快建设现代化滨海大都市的重要支撑。经过多年的探索实践，"信用宁波"建设基本构建起了以公共信用信息平台为支撑，以共建共享和协同监管机制为关键，以信用信息归集、共享、应用为工作重点，以政务诚信、商务诚信、社会诚信和司法公信为主要内容的"1234"工作架构。宁波信用建设水平稳居全国前列，口岸领域信用监管、法院系统两项机制等多项工作形成"宁波模式"，社会信用体系建设成效显著。

关键词：信用监管　信用修复　正向激励

一　宁波市信用建设总体成效显著

（一）高起点推进制度建设，推动信用建设法治化

坚决贯彻落实党中央国务院决策部署，建立了一套较为完备的信用管理制度体系，出台指导意见、实施方案、办法规定200余项，扎实有序推进各项举措落地落实。高度重视信用立法，《宁波市社会信用条例》已列入

2022年市人大立法审议项目，推动"信用宁波"建设在法治轨道上行稳致远。编制《宁波市社会信用体系建设"十四五"规划》，以新理念擘画高质量发展蓝图，开启社会信用体系建设新篇章。

（二）高标准建设信用平台，牢筑信用建设基础桩

宁波市公共信用信息平台持续迭代升级，以数字化应用为导向，完成了3期项目建设，全面推动信用平台功能集成提升，打造上下联通、高效协同的信用综合枢纽。该平台荣获2021年全国"信用示范平台网站"称号。编制公共信用信息数据清单，依法依规归集市县两级104家单位1000多项信息事项，信用档案覆盖全市1100万自然人、130万法人和非法人组织。信用服务全面实现"零次跑"，推出信用查询、异议、修复服务"线上办、掌上办"，为企业和群众提供多渠道、便利化信用服务，已累计提供信用服务近2114万次。

（三）多领域率先试点示范，开辟信用监管新路径

全国首创司法领域自动履行正向激励和信用修复两项机制，打造奖惩并重、刚柔相济的司法执行体系，相关做法写入最高人民法院《人民法院司法改革案例选编》和2020年全国"两会"最高法院工作报告，并通过宁波市人大常委会《关于创新自动履行机制推进切实解决执行难问题的决定》形成了具有宁波特质的重大标志性成果。全国率先建立跨境电商信用信息公示平台，构建全景式信用监管机制，打造跨境电商监管的"宁波模式"，连续3年蝉联全国跨境网购保税进口业务单个区域第一。树立口岸领域信用监管示范标杆，将浙江省"531X"公共信用综合评价应用于行业分级分类监管，对宁波市2000余家企业进行精准"画像"，实施动态分析监测和差异化监管，获评浙江省"信用数字化改革应用十大示范案例"称号。

（四）全方位深化惠民服务，打造实体经济新阵地

信用惠民应用场景持续深入，优化拓展社会、市场领域"信易+"应

用,落地"信用+停车""信用+地铁乘车优惠"等信用惠民便企场景63个。以城市个人信用分"天一分"为载体,提供先就医后付费、先离场后付费等便捷服务138万次。宁波"信易贷"平台落地运行,归集全市36个政府部门和公用企事业单位、64家金融机构的信用信息12亿条,信息主体覆盖全市108万家企业(含个体工商户),实现的"信易贷"规模达2112亿元。"银税互动"模式持续释放红利,通过将涉税信息从"线下"搬到"线上",实现"授权即达",并推出"退税盈""税易贷""税务贷""云税贷"等20余项特色化银税合作产品,可对相关主体以税定贷,批量授信。

(五)多渠道开展信用宣传,厚植诚实守信价值观

持续推进"诚信建设万里行"宣传活动,开展"诚信志愿""放心消费""诚信兴商""诚信乘车""银税互动""诚信沙龙""信用知识竞赛"等系列主题宣传活动,推进信用宣传触角向社会延伸,让群众感知。积极组织"信用宁波"的标志和口号征集活动,拍摄发布了"信用宁波"专题宣传片,开设"诚信地铁专列",全方位、多角度展示信用体系建设成效,引导市民知信、用信、守信,进一步擦亮"信用宁波"金字招牌。

二 口岸领域提供信用监管新思路

宁波口岸领域信用应用监管场景结合政务与市场信息,构建信用评价指标体系,对宁波市2000余家企业进行精准画像,实施动态分析监测,为行业分类分级监管提供重要依据。口岸领域企业信用体系整体架构包含基于企业信用评价系统的数据采集层,依托行业信用管理系统的数据整合层以及涵盖政务、行业、金融三个方面的数据应用层,总体打造一个平台、两类系统、多个指标、多个应用的口岸领域企业信用体系,协同各政务部门、行业协会、第三方机构共同推进行业信用体系建设。

（一）主要做法

1. 推进信用信息归集

宁波口岸领域企业信用数据通过数据互联互通、企业自主申报两种方式进行归集。其中浙江省公共信用评价信息通过浙江省公共信用信息平台获取；企业历史信用、行政处罚信息通过宁波市数据共享平台获取；口岸监管部门数据则通过海关总署信用平台、浙江省边检总站信息平台获取；企业经营情况、企业荣誉信息由企业申报填写。平台根据信用评价指标对相关企业进行评价，并将评价成果对企业、政府以及金融机构进行输出应用。

2. 构建信用评价模型

宁波市口岸领域企业信用评价实行千分制。企业基本信息、经营信息项为 350 分，加分及扣分项基本分为 450 分，企业公共信用评价信息为 200 分，总分为 1000 分。得分最高为 1200 分，最低不设限，在总分的基础上进行加减，得出最终评分。信用等级分为优秀、良好、中等、较差、差，分别用 A、B、C、D、E 表示。2018—2020 年评价企业数量分别为 1346 家、1848 家和 2147 家。

3. 推进信用评价结果共享

宁波口岸领域企业信用数据系统已实现与浙江省公共信用信息平台的互联互通，实现批量定制查询企业公共信用信息的功能，填补了原有信用评价体系中省级政务公共信用数据内容的空白。系统后台根据返回的信用信息判断主体信用状况，并向浙江省公共信用信息平台反馈系统信用评价成果。

（二）应用成效

1. 开展扶优限劣

宁波市市场监管局在信用示范企业评选或上报过程中将评价成果作为评选依据之一，已有 10 家信用 A 类企业被评为浙江省信用示范企业，33 家信用A类企业被评为宁波市信用示范企业。宁波市口岸办联合行业相关单位对D类、E类企业在业务经营、授信融资、政策扶持等方面予以限制或禁止，推动行业协会对违规机构会员和个人会员实行警告、行业内通报批评、公开谴责等惩戒措施。

2. 提高监管效率

宁波市口岸办协同各口岸监督管理机关开展企业信用分级分类管理，协调推进信用评价A类、B类企业海关、边检、海事一次性联合检查；对接海关推进国家"放管服"改革，按照"褒扬诚信、惩戒失信"的原则要求，推进查验免收费措施切实落地，向856家信用评价A类、B类企业推广应用"提前申报""两步申报"模式，非布控查验货物抵达口岸后即可放行提离。在失信联合惩戒方面，针对79家D类、E类的高风险企业或失信企业，提高查验率或监管频次，把有限的监管资源进行精准投入。

3. 支撑业务决策

每年发布的口岸领域企业信用评价成果清单，已成为企业之间交易的重要参照指标，各个企业可通过该清单牵线，达成业务合作。宁波口岸领域企业信用管理平台逐步受到行业上下游企业的关注，企业可通过该平台查询货运代理企业信用等级、经营状况以及船公司直接订舱权，选择合作对象。

4. 提升服务能力

鉴于口岸领域企业普遍面临融资难、融资成本高等问题，宁波航交所协同物贸汇、启运网、海恒蓝等航运电商平台及通商银行、东海保险等金融机构，以开展信用信息深度融合为基础，以实现银企融资供求对接为核心，构建"信用+数据+金融"业务闭环模式，推出"海运贷"等金融服务产品。中国人民银行宁波市中心支行将作为企业授信参考依据，助力航运金融服务升级。2021年度平台首次将企业操作配合度与信用评价成果相关联，实现行业企业服务质量水平可量化评价，并与相关方业务决策挂钩。

三 司法领域打出信用监管"组合拳"

宁波市坚持将信用体系建设作为推进"放管服"改革、创新社会治理的重要手段,全面推进信用数据融合互通、信用协同监管、联合奖惩、信用修复等工作,特别是在司法领域,认真贯彻《关于加快推进失信被执行人信用监管、警示和惩戒机制建设的意见》(中办发〔2016〕64号)等文件精神,围绕决胜"切实解决执行难"这一核心目标,在精细准上下功夫,针对不同主体"对症下药",推动构建以"自动履行为主,强制执行为辅"的执行工作新格局,形成跨部门协同联动合力,打造了信用促进民事执行的"宁波样板"。主要做法如下。

(一)落地全国数据、优化技术手段,实现联合惩戒智能应用监管

多年来积极推进失信被执行人联合惩戒工作,协调多方力量合力构建跨区域、跨部门的联合惩戒协同长效机制,打造了失信被执行人联合惩戒的"宁波样板"。2018年,市信用办围绕"数据扩容、应用扩面、宣传扩大"三大目标,对失信被执行人联合惩戒工作进行了全面部署。一是制定方案明确任务。印发《宁波市失信被执行人联合惩戒2018行动方案》(甬信用办〔2018〕13号),细化明确了涉及全市40个部门的37项任务,进一步优化工作机制,实现失信被执行人联合惩戒从1.0阶段向2.0阶段的跨越。二是实现惩戒对象全覆盖。在省高院支持下,实现全国1000多万失信被执行人名单在宁波市公共信用信息平台全面、实时落地共享,并可通过"信用宁波"网站和"宁波市民通"App公开查询,成为全国首个将失信被执行人名单扩大到全国范围的地区。同时,扩充联合惩戒措施清单,增加了网上办税、公积金贷款、网约车、行政审批服务便利化等领域的限制措施,全方位构建对失信被执行人的信用惩戒震慑。三是实现信用业务协同监管。优化升级市信用平台联合奖惩系统,完成与市政务服务"一窗受理"平台、市税务局税收管理系统、市民政局社会组织登记管理系统、市交通

局网约车、巡游车管理系统、市住建局公积金管理系统等业务系统的对接，在 1000 余个行政事项办理及日常监管中实现了联合惩戒的自动识别、自动拦截和自动惩戒，建立了"发起—响应—反馈"的联合惩戒工作机制。

（二）坚持制度为纲、实施联动监管，重拳整治虚假诉讼行为

为防范和打击虚假诉讼，提升司法公信力，进一步保障公民的合法权益，2019 年 8 月，市中级人民法院出台《宁波市中级人民法院关于防范和打击虚假诉讼的实施意见（试行）》（甬中法〔2019〕37 号），建立了一套全方位、立体化的虚假诉讼惩治体系。一是建立不诚信诉讼名单机制。首创性提出不诚信诉讼名单制度，以制度化、规范化的形式明确了其内涵、认定标准及不良后果，构建了宁波法院史上最严密的防范虚假诉讼网络。二是建立信用信息归集共享公示机制。及时发布不诚信诉讼名单，并将相关信息在市公共信用信息平台上共享，实现了在"信用宁波"网站的公示，相关信息也将作为信用信息记入相关主体的信用档案，作为行政管理、社会应用、融资授信的参考。三是全面开展整治虚假诉讼专项行动。为进一步遏制虚假诉讼蔓延滋长态势，宁波法院从 2019 年 6 月起，持续开展防范打击虚假诉讼专项行动。虚假诉讼多发的民间借贷案件一改此前连续多年两位数增长趋势，2019 年、2020 年同比分别下降 25.34%、24.26%，治理成效显著。

（三）注重善意执行、探索修复路径，创新推出信用修复激励机制

为给有意愿修复信用的失信企业提供机会，激活部分失信被执行人的履行能力，2018 年 1 月，宁波江北法院制定《失信被执行人信用修复激励评分制度》，对符合一定条件的失信被执行人予以信用修复。一是创新建立修复激励制度。被执行人只要满足从未伪造证据，未以暴力、威胁等方法妨碍、抗拒执行等方面硬性条件，就可以向法院申请进行审查评分，法院将通过是否遵守申报财产的规定、是否遵守限制消费令等九大维度对申请人进行综合评分，累计评分达到 80 分以上的，法院有权决定先行屏蔽失信

名单及取消限消令,为陷入经营困难、暂时失去履行能力前景良好的企业提供生机。二是实行动态监测跟踪。对已经适用信用修复暂停失信惩戒的被执行人实行"滚动审核制"。在后续考核中发现其当前信用状况、执行行为等不能满足信用修复条件的,立即取消屏蔽,恢复惩戒,并可视情形延长失信发布期,从严给予拘留、罚款等执行惩戒。三是建立健全长效机制。以盘活企业资源、优化营商环境为目的,通过政策宣传、案例剖析等形式,为申请人提供精准服务。

(四)运用激励手段、加强执源治理,建立首个自动履行正向激励机制

为降低执行收案体量,提高案件自动履行率,2019年8月,宁波镇海法院出台《关于促进当事人自动履行助力执源治理的意见》(镇法发〔2019〕46号),在全国率先建立自动履行正向激励机制,对于自动履行的当事人,给予相应的优惠便利措施。2020年以来,该机制相继被写入最高人民法院《人民法院司法改革案例选编(七)》《2020年人民法院工作要点》以及全国"两会"最高法院工作报告。一是发布"诚信履行名单"。为完成履行义务的当事人出具"自动履行证明书",若同时满足"在全国范围内尚无被执行案件",则纳入"诚信履行名单"。对名单库实施动态管理,定时推送至市公共信用信息平台、普惠金融信用信息服务平台和各商业银行。二是建立守信联合激励机制。对"诚信履行名单库"的主体,为其开辟诉讼服务绿色通道、依法减免案件受理费、给予申请财产保全免予提供担保或降低其保证金等待遇,并联合政府部门、金融机构,推出贷款授信、金融帮扶、市场信用评级加分等10类激励措施,逐步形成诚信履行联合激励机制。三是拓展"信易+"应用场景。建立联席会议,联合宁波市级有关单位、银行业协会及40余家银行发布"完善信用体系,优化金融生态,宁波银行业助力正向激励和信用修复机制"的倡议,进一步拓展守信激励应用场景。自动履行正向激励机制推行后,全市法院自动履行案件数明显增加。

后 记

成都市委、市政府高度重视社会信用体系建设。按照党中央、国务院关于社会信用体系建设的总体部署和四川省委、省政府的相关要求，成都市将社会信用体系建设作为全面深化"放管服"改革、推进治理体系和治理能力现代化、争创全国文明典范城市、建设稳定公平透明可预期营商环境标杆城市的重要支撑，持之以恒在制度建设、基础支撑、信用监管、信用应用等方面抓落实、谋创新、求突破，成功获批全国首批社会信用体系建设示范城市，近年来已有十余项创新做法获国家层面推广，全社会诚信意识普遍增强，经济社会发展信用环境明显改善，社会信用体系建设工作总体走在全国前列，"诚信成都"城市品牌初步形成。

本书由成都市经济发展研究院组成专业团队进行编著，并特邀在全国城市信用监测中排名前列的大连市、杭州市、宁波市提供稿件，对不同城市社会信用体系建设的创新探索共同进行探讨，为成都市及其他地区推动社会信用体系建设高质量发展提供有益借鉴。

社会信用体系建设是一项系统性、长期性、融合性工程。成都市社会信用体系建设的成效和特征，难以仅用一本书进行全面深刻的呈现。本书是首部成都市社会信用体系建设蓝皮书，囿于时间和能力，难免存在疏漏和遗憾，恳请读者对本书提出批评意见。

最后，在本书的编创过程中，受益于成都市社会信用体系建设领导小组办公室的指导，得到了国家信息中心中国经济信息网、大连市发展

和改革委员会、杭州市发展和改革委员会、宁波市发展和改革委员会、成都市社会信用体系建设领导小组各成员单位和成都市各区（市）县的大力支持，受到了中国发展出版社的关心与帮助，在此深表谢意。

编　者

2022 年 11 月